人は話し方が9割

永松茂久
Nagamatsu Shigehisa

1分で人を動かし、
100％好かれる話し方のコツ

すばる舎

「初対面で何を話したらいいのかわからない」
「すぐに話が途切れて会話が続かない」
「何をどう相手に伝えたらいいのかわからない」
「うまく話せず失敗した経験がある」
「なぜだかわからないけど、相手を怒らせてしまった」

「何を話せば話が盛り上がるのかわからない」

「人とコミュニケーションを取るのがなんとなく苦手」

「思っていることを正直に言えない」

「沈黙の時間が怖い」

こんな思いを持っている人に贈ります。

〔はじめに〕会話下手な人が、人と話すのが楽しくなるコツ

もっと話し方がうまければ人生うまくいくのに……。

そう思ったことはありませんか。

この本を手にしてくださったということは、あなたもそんな風に思っている1人なのではないでしょうか？

実は、多くの人が話し方にコンプレックスを抱えています。悩んでいるのはあなた1人ではありません。

そこで、いきなりですが、まず結論から申し上げます。

会話がうまくなる方法、それは「苦手な人との会話を避け、大好きな人と話す時間を増やす」。これだけです。

本書でお伝えすることを身につけていただければ、**あなたは必ず話し方がうまくなります。**

それだけであなたが今まで悩んできた人間関係の悩みが、

「あれは一体何だったんだろう？」

と首をかしげたくなるくらいなくなっていきます。

そして、大好きな人と会話することで話し方がうまくなったあなたには苦手な人がいなくなり、人に好かれます。人に好かれるあなたの周りには、人だけでなくチャンス、お金も集まってきます。

話し方で得している人は、特別なことはほとんどやっていません。

誰にでも身につけることが可能な、この「ほんのわずかな違い」を手にしているだけです。

ちょっとここで質問です。

あなたにとって話し上手な人とは、どんな人でしょうか？

お笑い芸人や噺家《はなしか》さん、アナウンサーのように、流暢にものを伝える人のことでしょうか？

あるいは、職場でのプレゼンテーションで上手に周囲を巻き込んでいく人のことでしょうか？

残念ながら、本書でお伝えする内容は、そういう立て板に水のごとく話す人たちになる方法ではありません。

もっと日常的なものです。

職場、家族、友人、配偶者、恋人、コミュニティの仲間……といった身近な人たちとの人間関係を円滑にする方法です。

人前でのプレゼンテーション、そういう場面に出くわす確率よりも、日常的な場面でのコミュニケーションが人生の大部分を占めています。

どんなに素晴らしいノウハウでも、日常生活で使えるものでないと意味がありません。

逆に言えば、日常生活のコミュニケーションがうまくいくことで、あなたの人生は豊かなものに変わるということです。

あなたの周りにいる人があなたの味方になり、あなたのために動いてくれるようになるのです。

26歳の時に、3坪のたこ焼き屋から身を興《おこ》した私ですが、これまでの人生で話し方で失敗した経験は数限りなくあります。

詳しくは本文（P52）にゆずりますが、振り返ってみると、自分の言いたいことばかり言ってスタッフや周りの人を困らせてばかりいました。そんな私が、話し方を変えただけで人生が激変したのです。

私自身の話もさることながら、あなたの周りにいる人を想像してみてください。ささいなひと言で、周りを敵に回している人はいませんか？　ひと言足りないことで損している人はいませんか？

「なぜこの人、ここでこんなことを言うのだろう？」

「なぜ、ここであの大切なことを言わないのだろう？」

話し方1つで、あなたの未来は大きく変わります。

そしてその分岐点は、大きな舞台ではなく、**日常のささいな部分でどんな風に話すのか、で決まるのです。**

人は誰しも、自分自身のことが一番見えにくいものです。

本書に出会ってくださったあなたには、ぜひ大切なことを適切なタイミングで話せる人になってほしい。そんな思いで、書きました。


昨今、話し方教室はどこも学ぶ側が待つほどの大繁盛を見せています。

これは、それだけ話し方で悩んでいる人が多いことの表れです。

しかし、単に口から出す言葉だけのテクニックをいくら学んだとしても、残

念ながらうまくいきません。それは、

「あなたの話を聞いている人は、あなたの口から出る言葉だけではなく、総合的なものであなたの話を聞いているから」

です。

もし、言葉だけのテクニックが欲しい方は、この本はお勧めしません。

他の「こういう風に言えばうまくいく」的な内容を書いている本をお探しください。

しかし、「話し方」について、その根幹から学びたいと思っているあなたにはピッタリの本です。

それがあなたの人生を根底から変えていくことになると信じているからです。

もう一度、断言します。

人は「話し方」を変えるだけで、人生の9割が変わります。

第1章

人生は「話し方」で9割決まる

第3章

人に嫌われない話し方

第4章

人を動かす人の話し方

ブックデザイン：小口翔平＋喜來詩織（tobufune）
DTP：野中賢（システムタンク）
イラスト：久保久男
図版：朝日メディアインターナショナル
編集協力：福島結実子
編集：越智秀樹（OCエ一企画）

第1章

人生は「話し方」で9割決まる

01

「話のうまい人」の人生は、なぜうまくいくのか？

今のあなたの話し方は、周りにいる人の影響を受けた結果

「自己肯定感」

この言葉を、耳にしたことのある方も多いのではないでしょうか？

最近テレビや雑誌でよく取り上げられるようになったこの言葉、よくご存知ない方のために紹介しておきましょう。

この言葉は、読んで字のごとく「自分自身のことを肯定できているか？」ということです。

例えば、「自分は今、しっかりと自分の人生を生きている。周りの人が何と言お

うと、自分は価値のある人間だ」。

こうすぐに口に出せる人は、自己肯定感の高い人。

一方、「自分に自信がない」「周りの人からどう思われるかをどうしても気にしてしまう」という人は自己肯定感の低い人、ということになります。

では、その日本人の自己肯定感は今、世界基準から見てどの位置にあるのでしょうか？

高校生を対象にしたリサーチで、先進7カ国を対象にしたデータを見ると、なんと日本は7位。最下位です。

これは、とても大きな問題です。

いくら高校生を対象にしたものとはいえ、この数字は日本の現在の状況そのものを表しているといってもいいでしょう。

その縮小版が、あなたの日常です。あなたの周りにいる人、その多くが自己肯定感の低さに悩んでいます。

人は幼い頃から「言葉」、つまり「周りの人の話し方」の影響を受けて育ちます。自己肯定感の高い大人たちから育てられた子どもは、自己肯定感の高い大人に育ちます。

周りに自己肯定感の低い大人が多いと、自己肯定感の低い子どもが育ちます。ということは、今の日本の大人は自己肯定感の低い人が多いのかもしれません。

「いい話し方」は時代によって変わる

欧米人に比べ、日本人はコミュニケーション、つまり話し方の下手な民族と言われてきました。ただ昔であれば、これについては反論できました。

「日本には以心伝心といって、話さなくとも、行間を読み取る力がある」

しかし、欧米文化が生活の至るところに浸透した現在、その言葉は過去のものとなっています。

この現実を踏まえると、今の日本では好むと好まざるとにかかわらず、言葉、話し方、コミュニケーションの「見える化」が必須となってきています。

つまり、「いかに話すか？」「いかに伝えるか？」が人間関係を作っていくための大きな要素となっているのです。

さて、前提はこれくらいにして、ここからは現実的な話をします。

「いかに話すか？」が大きな課題となっている日本において、人間関係がうまくいっている人は、どんな話し方をしているのでしょうか？

100％
好かれる
話し方のコツ

01

話し方のうまい人が周りにいる環境に身を置く

02

話す力は「スキル」より「メンタル」

自己肯定感が上がると、話すのはこんなにラクになる

「人前で話した時、急に頭が真っ白になってしまった」

「何を言っているのかわからない、と言われて自信をなくした」

「声が小さい、と言われてどうしていいのかわからなくなった」

こうした苦い経験が元となって、「自分は話すのが苦手」と思い込んでしまっている人は少なくないでしょう。

これは、話し方における自己肯定感が失われてしまっている状態。

あまり知られていませんが、自己肯定感をなくしてしまったメンタルの状態を「自

己否定感」と言います。

健全な自己肯定感を持つことは、自信の源になります。裏を返せば「うまく話せない」「いい人間関係を築けない」は、自己否定感の元にもなりうるのです。

みなさんもおわかりの通り、本来は一度や二度の失敗で「話すことが苦手」という強迫観念を持つ必要は全くありません。

しかし「話すことが苦手」と思い込んでいる人の多くは、数少ない失敗や心ない誰かの指摘が原因となって、話すことに苦手意識を持ってしまっています。

そんな人も、自分をラクに楽しく肯定できれば、確実に話し方はうまくなっていきます。また、人間関係も今よりずっとラクに、良好になっていきます。

相手の言葉を、必要以上に重く受け止めない

先日、こんな相談を受けました。

「知り合いに住んでいるところを聞いたら、『そういうことを聞かれて嫌な気持ち

になる人もいるんだから、安易に聞いちゃダメだよ』と言われました。それ以来、誰にも住んでいるところを聞けなくなってしまいました」

人によって感じ方はそれぞれですから、相手の言い分にも一理あるでしょう。見方を変えれば、「プライベートの境界線は人によって違うから、何を言うにも慎重に」と、苦言を呈《てい》してくれたとも取れます。

しかし、一方で、私はこうも思うのです。

今まで、おそらく何百人と出会ってきた中で、たった1人から言われたことを気にして萎縮してしまうなんて、もったいないな、と。

ひょっとすると、あなたも一度や二度の言葉の行き違いや感覚のズレによって傷つき、自信を失い、それが元で話すことへの苦手意識が芽生えてしまったのではないでしょうか。

ここで、私は断言します。

一度や二度の注意や失敗くらいで、会話を怖がる必要は全くないのです。

「あ、この人はこういう話題は嫌な人なんだな」と受け止め、その人に同じ質問をしなければいいだけの話なのです。

話している相手を否定しなければ、相手もあなたを否定しなくなる

では、過去の苦い経験で失ってしまった自己肯定感を取り戻すには、どうしたらいいのでしょうか。

話すことを通じて失った自己肯定感は、やはり話すことを通じて取り戻すのが一番です。そこでキーワードになるのが、「**全肯定**」です。

「**話している相手を決して否定しない、そしてあなた自身も否定させない**」

ということです。

つまり、相手との間に「**否定のない空間**」**を作るのです。**

人は、自分を肯定してくれる人を肯定するようにできています。

そこであなたが相手を否定しなければ、相手もあなたを否定しなくなっていきます。

「相互全肯定」の状態です。

その体験の中で、自然と自己否定感が薄れ、自己肯定感が高まっていくのです。

相手を肯定すると同時に、あなた自身が「否定のない空間」に身を置くことが大切なのです。

100%
好かれる
話し方のコツ

02

「否定のない空間」に身を置いて、自己肯定感を高める

話している人を否定しないように心がける

自己否定感
声が小さいね、何を言っているのかわからないよ！
グサッ
否定のない空間を作る
楽しいね
お互いに
全肯定
そうだね！
自己肯定感UP!!!

03

普通の人が簡単に話せるようになる「3つのコツ」

「否定のない空間」に身を置くと誰でも話せるようになる

私の主催するコミュニティには、3つのルールがあります。

まずかかげているコンセプトは、**「否定のない空間」**。

このコミュニティで、私はたくさんの奇跡を目にしてきました。

「あがり症の人が人前で話せるようになった」

「話し方が苦手だった人が、いつも会場を満席にするセミナー講師になった」

「年収で1200万円を超えるコーチになった」

中には、出版が決まった人もいます。

彼らの姿を目にしながらわかったこと。それは、**ほとんどの人が、話すのが苦手なのではなく、話せるというメンタル状態に持っていくことが苦手なだけ。**

そこで、普通の人が、簡単に話せるようになる3つのコツをお伝えします。

【コツ1】否定禁止

マイナストークで未来を語ると、どんどん現実の未来が暗いものになってしまいます。

そこで私のコミュニティでは、否定発言をしたら退場していただくルールを作っています。

会議でよく見かけられる光景ですが、誰かが何かを発言した時に、「そうは言っても」とか「それは、違うだろ」という空気が流れることがあります。

そういう空気が会議全体を覆ってしまうと、人の潜在能力、つまりパフォーマンスは低下します。そして、誰もが口を閉ざすようになります。

人は、つい他人が語ることを「できる」「できない」に分類してしまいがちですが、これでは一人ひとりが自由に発言するモチベーションを奪ってしまうのです。

社会は、学校の◯×テストの場ではありません。大切なのは、**意見や感想がどんどん出てくる場にすることです**。それにはまず質より数が重要です。数を出してもらうことで、一人ひとりのパフォーマンスが上がることが最重要課題なのです。

繰り返しますが、**大切なのはとにかく発言すること**。そこで、前向きであればすべてオッケーというルールをあらかじめ設定しておきます。

学校教育で植えつけられた「とにかく正解を出さなければいけない」という思い込みを捨て、遠慮なく色んな意見を出してもらうことで、場の空気は前向きになり、人前で話すのがラクになっていきます。

【コツ2】 笑顔でうなずく

2つめは「うなずきの徹底」です。

うなずきですから、ただ首を縦に振るだけですが、人間関係において、この習慣を身につけると、かなり役立ちます。

このうなずき文化が人の心の扉をあけ、安心を生み出していく最高の方法なのです。

私の会社は、毎日朝礼をしています。

これは自分にスイッチを入れるという目的もありますが、重要なのはそこではありません。

ポイントは、「**それぞれの言葉環境を変えるため**」「**それぞれの心の中にあるブロックを外すため**」「**人を勇気づけるナイスマンを育てるため**」**の3つです。**

何かを人前で発表する時は、誰でも緊張します。しかし、その中に、うなずきながら聞いてくれる人がいたら、人は自然と話せるようになります。

何を言ってもうなずいてもらえると、安心するからです。

そして、その安心感が話す力を引き出します。

つまり、「ノってくる」のです。

人間のパフォーマンスは、力んだ時よりリラックスした時のほうが上がります。

そのため、私の会社、そしてコミュニティではこのうなずきを徹底してもらっています。

【コツ3】プラストーク

前向きな話は、人を元気にします。逆に、後ろ向き、否定的な話は、自分自身だけでなく、聞く人のエネルギーも下げてしまいます。

普段、どんな言葉を使っていても、私のコミュニティに来た時だけは、意識してプラストークを徹底するようルール化しています。

「人をほめること」「感動した話をすること」「今の現状を良くしていこうとすること」。

これらはすべてプラストークです。明るい言葉が明るい空気を作っていきます。

過去の傷を癒すと、人は自然と話せるようになる

先ほども書きましたが、残念ながら私たちの周りは、マイナス言葉ばかり飛び交っ

ています。私たちは知らず知らずのうちに、否定的な空気の中に身を置くことが当たり前になってしまっているのです。

なるべくそうした場所は離れ、先ほどお伝えした3つのコツを意識することです。そうすることで、前向きに話すことができるようになり、少しずつ、本来の自分を取り戻していくことができるのです。

自分自身を全肯定してくれる場所に身を置くこと。そうすれば、あなたの過去の傷は知らず知らずのうちに癒されていくのです。

100%
好かれる
話し方のコツ
03

「否定しない」「うなずく」「プラストーク」の3つで話し方は、劇的にうまくなる

04

コミュニケーションの達人だけが知っている三大原則

能力があるのに、話し方で損している人

さて、世の中には、すごくいいことを言っているのに、なぜか人に好かれない人がいます。

一方で、月並みなことしか言わないのに、なぜか多くのご縁に恵まれて、うまくいく人もいます。

人間関係を築く上で大切なのは、人柄や、物事の見方、考え方です。

しかし、いくらいいものを内に秘めていても、話し方を間違えてしまうと魅力は伝わらず、人を遠ざけてしまうことになります。

いい話し方ができるようになれば、人生は劇的に変わる。

本書の冒頭でお伝えしたことは、決して大げさではありません。

ではどうすれば、いい話し方になるのか。

具体的な話に入る前に、話し方すべての基礎となる「大原則」についてお話ししましょう。

話し方における「微差」とは？

コミュニケーションを制すれば、人間関係を制したのも同じです。

もう少し砕いて言えば、**「うまく人と話をすることができれば、あなたの日常はさらに豊かなものになる」ということになります。**

「あの人にはなぜ人が集まるのだろう？」

あなたが羨《うらや》ましく思っているあの人は、あなたの100倍の努力をしているのでしょうか？　答えはノーです。

私の好きな言葉に、「微差が大差になる」があります。

その人は、今のあなたより「ほんの少しだけ」人とコミュニケーションを取る上で、大切なことを知っているだけなのです。

では彼らは何を知っているのでしょうか？

答えを申し上げます。

まず、

「人は誰もが自分のことが一番大切であり、自分に一番興味がある生き物である」


ということです。

想像してみてください。

みんなで写った集合写真で真っ先に見るのは、何でしょうか？

そうです、自分の顔です。

集合写真が手元に届いて、他人の顔を確認する人は滅多にいません。まず自分です。

つまり、**一番興味がある「相手自身」のことを主役にすれば、自然に相手の感情は高まっていく。「自分を主役にしてくれるあなた自身のことを好きになる」、という簡単な心理です。**

2つめが、

「本来、誰もが自分のことを認めてほしいし、自分のことをわかってほしいと熱望している」

です。

そして、3つめが、

「人は自分のことをわかってくれる人のことを好きになる」

です。

100%
好かれる
話し方のコツ

04

人は自分に深い関心を寄せてくれる人を好きになる

3つの大原則を押さえておけば会話は思いのまま

①人は自分への関心が一番強い!

②人は自分のことをわかってほしい生き物

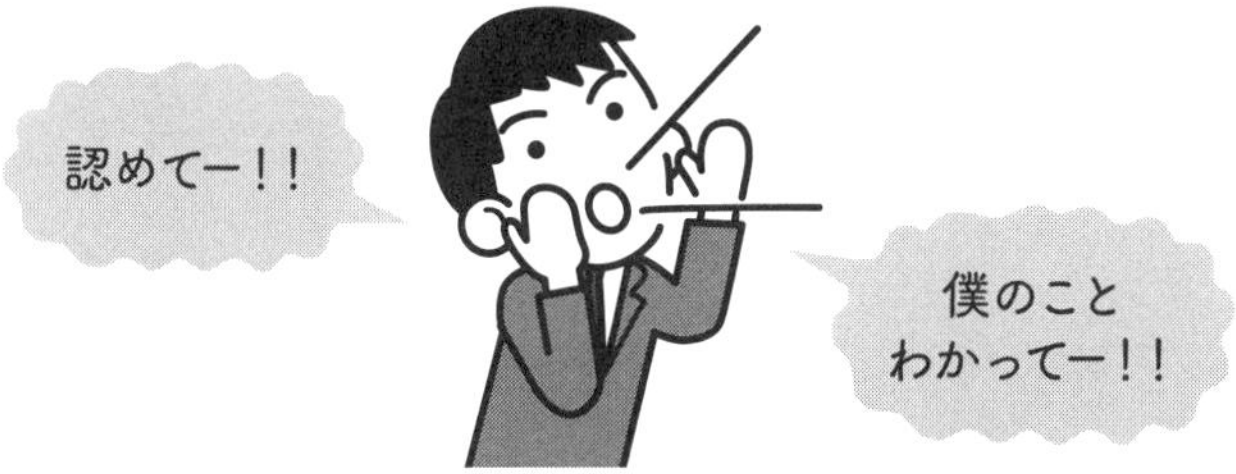

③人は自分のことをわかってくれる人に好意を持つ

↓

コミュニケーションの達人に大変身

05

話し方は「聞き方が9割」

「いかに話すか」より「いかに聞くか」

この誰もが持っている3つの心理は、今のあなたにとって、ものすごく「ザクッと」、そして「抽象的に、フワッ」と聞こえるかもしれません。

しかし、この本を読んでいただくうちに、深くご理解いただけるようになります。ご安心ください。

さて、この3つの心理を踏まえた上で、まずあなたにパラダイムシフトをしていただきたいことがあります。

それは、

「話し方において一番大切なことは、聞くことである」

ということです。

「ちょっと、待ってよ！　私は聞き方ではなくて話し方について知りたいの」

そう思ったあなた。

そうです。本書は、話し方の本です。

なのに、なぜ、聞き方が重要だと言うのか？

それは、前項で紹介したように、人は誰しも自分のことに関心を持ってほしいと思っており、認めてほしいと考えているからです。

そうした相手の自己重要感を高めるのに最も有効なのが、「聞き方」をマスターすることなのです。

では、次の項で「聞き方」の重要性がわかる、具体的エピソードを紹介しましょう。

06

話し方を変えて、人生が激変したある営業マンの話

自分のことばかり話しすぎてはいませんか？

数年前にあった、講演会終了後のとある懇親会での話です。

ドリンク片手に私のところへやって来るなり、ものすごい勢いで話し始めた男性がいました。

彼は自分が保険会社の営業マンであること、そして、永松茂久の熱烈なファンであること、さらに、私の本と講演会でどれだけ勇気づけられ救われたかを、延々15分ほど話してくれました。

講演を生業《なりわい》の1つとしている身として、ファンの存在はかけがえのないものです。

わざわざ私の元へやってきて、熱っぽく話をしてくれたことは本当に嬉しかったですし、心から「ありがとう」と思いながら聞いていました。

しかし、1つだけ、気になったことがありました。

ひとしきり自分のことを話し終えた彼は、今度は自分の仕事について話を始めたのです。保険会社の営業マンとして勉強を重ね、日々、努力していること。こんな方法や、あんな方法、色々試していること……。

あまりに彼が熱心なので、私はなかなか話を止めることができず、ただひたすら聞いていました。

彼がひと呼吸おいたタイミングで、やっと「で、仕事はどうなの？　売れてる？」と聞いてみました。

すると彼は一瞬、沈黙しました。そして、私の問いに答えないまま、再び仕事の話を始めてしまったのです。

そこからは、保険の細かい種別や選び方など、どんどん話がマニアックになって

いきました。さすがの私もたまりかね、

「あのね、ちょっと質問してもいいかな？」

と待ったをかけました。しかし彼は、

「ちょっと待ってください。ここまで話させてください」

と私を制して、なおも話を続けます。


そんな中、私が彼について思ったこと、それは、「おそらく彼は誰に対しても、こんな感じで話しているんだろうな」ということでした。

時間にして数十分過ぎた頃でしょうか。彼はようやく満足したと見えて、「ありがとうございました！　いいお話が聞けました。最後、何かアドバイスがあったらください！」と言いました。

せっかく私の本を読んで、講演会、懇親会にまで足を運んでくださったファンの方です。私は正直に言いました。

「自分の話したいことを2割に抑えて、とにかくお客さんがあなたに何を求めているのかをしっかりとヒヤリングするスタイルに変えたら、売上が倍になりますよ。あなたはとても情熱家ですから」

「聞き役」に徹すると売上が5倍に増えた

その後半年ほどして、その会場の隣の市で講演する機会がありました。

「あの時の彼は、来ているかな。来てくれたらその後の話を聞きたいな」と思っていたら、嬉しいことに、その日も彼は一番前の席で私の話を聞いてくれていました。

そして懇親会。彼も参加してくれていました。

そこでまず驚いたのは、見た目や雰囲気が大きく変わっていたことでした。

最初に会った時の押しの強そうな威圧的な雰囲気から、口角が上がって目尻の下がった、何とも親しみやすい顔つきに変わっていたのです。

話を聞いてさらに驚きました。

半年間で、なんと、営業成績が5倍に伸びたというのです。

その間、彼が試みたのは、私のアドバイス通り、人の話に耳を傾けるようにしたこと、それだけでした。

彼はしみじみ私にこう言いました。

「永松さん、あのアドバイスの翌日から、私はスタイルをすべて変えました。とにかくお客さんが困っていることは何だろう、どんな風にお役に立てるんだろう、そこだけに集中してお客さんのヒヤリングを始めたんです」

「すごいですね、即実践の方なんですね」

「はい、実は前回お会いした時、売上があまりにも上がらなくて、転職を考えていました。しかし永松さんのアドバイス通りにやると、どんどん成績が伸びました。自分がいかに見当違いな営業をやっていたかを痛いほど思い知らされました。おかげさまで順調です。先日表彰もされました。本当にありがとうございます」

と言って、スッと席を立ちました。

その懇親会の間中、私は遠目で彼をウォッチしていたのですが、ずっと笑顔で人の話をうなずきながら聞いていました。

すべては、**「聞くこと」から始まります。**

彼は、たった1つ、「聞く」ということをしていなかったがために伸び悩み、そしてたった1つ、「聞く」ということをしただけで、大きく飛躍できたのでした。

私は彼を通じて、「話を聞くこと」の重要性をあらためて、実感したのです。

100%
好かれる
話し方のコツ
05

「話す力」より「聞く力」を磨く

07

「聞く力」のおかげでどん底から這い上がることができた

得意なはずの話し方で空回りばかりしていた私

今でこそ、こんなことを書かせていただいている私ですが、かつては私も保険営業マンの彼と似たような話し方をして、落とし穴にはまっていました。

以前の私はどちらかというと、コミュニケーションや話し方が得意なほうではありませんでした（自分では得意と思っていましたが）。

それは当然、人間関係にも影響していました。

私は26歳の時に、自分自身もどうなるかわからないという無謀な状況の中で、ビジネスをスタートさせました。

3坪の行商から始まった小さなたこ焼き屋でしたが、無事、創業当初の苦境を乗り越え、起業から2年経った頃には、より規模の大きな飲食店へと事業を拡大していました。

ただ、現実は約20人のスタッフを抱え、現場で悪戦苦闘の日々。

「いかに利益を出すか？」だけを考え、社内強化のために「報、連、相」の徹底や言葉遣いなど、表面的なところばかりを追いかけていました。

その結果、スタッフたちとうまくコミュニケーションが取れず、チームはどんどん衰退していくばかり。

スタッフたちと思うように心を通わせられず、自分の情熱が空回りしているように感じていました。

今思えば、私の話し方が原因だったことは間違いないでしょう。

なぜなら、

「なぜ俺の話を理解してくれないんだ？」

と心の中でいつも周りばかりを責めていたからです。

人がどんどん離れていくにつれ、人づき合いの仕方を、根っこから変えなくてはいけないと痛感するようになりました。いや、そう痛感せざるを得なかったのです。

「我」は話し方に現れていた

今振り返ると、当時の私は言いたいことを言えないタイプというより、自分の言いたいことしか言わない、言いたくないタイプだったと思います。

いつも自分の話が中心で、誰かが話している時は、「いつ終わるかな」と自分の出番で話すことばかりを考えている。

口論大歓迎。相手を論破してなんぼのスタイル重視。

議論で負けそうになっても、自分の意見を力ずくで押し通す。

気に入らない人がいたら、自分の言い分を聞いてくれる人をつかまえてその相手を批判する……。

最悪です。今、身近にこんな人がいたら、私はすぐに逃げ出します（笑）。しかし、当時の私はそれが自分のスタイルで、正しいんだと信じ込んでいました。

いわば典型的な「我《が》」の塊。そんな自分でした。

「聞き役」に回ると、急に業績が伸び始めた

たいしてお金もない。外に勉強に行くゆとりもない。そんな時、真っ先に変えたのが、自分自身の話し方のスタイルです。

「まず、聞こう」

相手の反応や気持ちにも心を配りながら、

「言葉を選んで話そう」

そう決意しました。

もちろんすぐには根づきませんでしたが、トライ&エラーを繰り返しながら、少しずつ聞き方、言い方を変えていきました。

相手の話を聞く。笑顔で共感する……。

効果はてき面でした。

数ヵ月も経たないうちに、社内の風通しが良くなり、業績がどんどん伸び始めていきました。

お店のスタッフは、格段に話の飲み込みが早くなり、自分で考えて、自ら動いてくれるようになりました。

何より嬉しかったのは、彼らとの間に一体感が生まれたことでした。

以前は「俺が、俺が」と自分1人で突っ走っていたものが、明らかに「俺たちが」に社内の空気が変わりました。

それ以外にも、年上の有力者にかわいがられて、貴重な人脈につなげてもらえたり、不利と見えた交渉事がうまく運んだりと、色々なラッキーやメリットに恵まれるようになりました。

私の場合、運良く様々な先輩に出会え、「**相手を理解することからすべては始まる。**

まずは相手の話をよく聞くこと」と何度も何度も教えていただけたおかげで、なんとかここまでたどり着くことができました。

100%
好かれる
話し方のコツ

06

聞くことに徹すれば、人生そのものが変わる

08

聞き上手の達人がやっている「3つの表情」

スティーブ・ジョブズ流　女性の口説き方

ここまで「聞くことは、話し方の一部。うまい話し方とは、聞くことから始まる」ということについてお話ししてきました。

さて、「人は誰しも自分自身に一番興味がある」ということは、そこを満たすために大切なのは、「相手のことをよく知る」ということになります。

そのためには、

「この人はどんな人で、どんなことに興味があるのだろう？」

と、相手に関心を寄せることがファーストステップになります。

今や伝説となったアップル創業者のスティーブ・ジョブズはこう言いました。

「美しい女性を口説こうと思った時、ライバルの男がバラの花を10本贈ったら、君は15本贈るかい？　そう思った時点で君の負けだ。ライバルが何をしようと関係ない。その女性が本当に何を望んでいるのかを見極めることが重要なんだ」

この言葉は、人間関係の真理を表わしています。

ジョブズが言っているのは、

「相手を観察し、相手が本当に求めているのは何かを真剣に探そう。そうすれば必ずうまくいく」

ということなのです。人間の欲求に対する飽くなき興味、それが今のアップル社の繁栄を築いたのです。

好かれる人がやっている「3つのリアクション」

さて、少し話が大きくなりすぎましたので、日常的なことに話を戻しましょう。

人には誰しも、自分の気持ちをわかってほしい、自分の話を聞いてほしい、という欲求があります。

そうすると必然的に、自分の話を聞いてくれる人のことを大切に思うようになります。

あなたは、周りの人の話を興味を持って聞いていますか？

相手への興味より、自分の話ばかりしていませんか？

流暢に話ができれば、それに越したことはありませんが、それは噺家さんや芸人さんなど一部のプロに任せておけばいいのです。

私たちは、**相手の人にいかに自分が関心を寄せているかを伝えることが大事なのです。**

では、話し相手に対して「私はあなたに興味を持ってるよ」と効果的に示すにはどうしたらいいのでしょうか？

それは、

「顔の表情」「声の表情」「体全体の表情」

の3つを効果的に活用することです。

具体的には、**「笑顔で聞き、自分の感情を言葉に乗せ、身振り手振りを使って相手にリアクションする」のです。**

繰り返しますが、人は誰もが自分をわかってほしい生き物です。

うまくいっている人は、話すことではなく、まず聞くことによって相手の心の扉を開いているのです。

さらに、「笑顔で聞き、自分の感情を言葉に乗せ、身振り手振りを使って相手にリアクションする」を意識して「聞く」を実践することで、聞く力をますますパワーアップさせています。

うまくいく人は、**「顔の表情」「声の表情」「体全体の表情」の3つを駆使して、徹底して「聞き上手になること」で大きな得を手にしているのです。**

100%
好かれる
話し方のコツ

07

「顔の表情」「声の表情」「体全体の表情」で相手に関心があることを示す

うまくいく人は「聞き上手」

自分の話より
相手の話を
聞こう
聞いてくれて
嬉しい!!
聞き上手
心の扉
心の扉

「聞く力」は3つのアクションで構成されている

1 顔の表情
2 声の表情
楽しい
3 体全体の表情
皆さん!

09

相手に9割しゃべらせる「拡張話法」

話のうまい人が使っている「拡張話法」とは？

一番大切なところを、ここでもう一度復習しましょう。

人が求めている3つのこと。

それは、

「人は誰もが自分のことが一番大切であること。そして自分に一番興味がある」

ということ。2つめが
「本来誰もが自分のことを認めてほしいし、自分のことをわかってほしいと願っている」

ということ。3つめが

「人は自分のことをわかってくれる人を好きになる」

ということでした。先にも話しましたが、うまくいく人はここをしっかりと理解して、人とコミュニケーションを取っています。

その上で、うまくいく人たちが自然と使っている話し方のテクニックをご紹介しましょう。

「拡張話法」

です。

噺家のように、自分のトークだけで人を惹きつけていくのは至難《しなん》の業《わざ》です。

しかし、拡張話法を使えば、相手が自分で自分の話を広げていきます。

あなたはただ相手の話を聞きながら、それを広げていくだけで、相手に好かれ、結果的に「またこの人と会いたいな」と好感を持たれるのです。
ではさっそく、「拡張話法」の流れについて説明いたしましょう。
「拡張話法」には順番があります。

感嘆↓反復↓共感↓称賛↓質問

です。

1

感嘆…相手の話を聞いた時に受ける感銘の表現

（相手）「こんなことがあったんだよ」↓（自分）「へー♪」「ほー！」「えー!?」「うわあー!!」「わー♡」「そーなんですかー（笑顔マーク）」

会話のうまい人は、この感嘆詞を相手の話に合わせてうまく使いこなしています。
感嘆のポイントは2つです。

まずは、言葉の後の「！」「？」「♡」です。文字で表現するのは難しいのですが、自分の言葉の終わりに絵文字をつけるように感情を込めます。

もしあなたがコミュニケーションが苦手な場合は、感嘆〝×10倍〟くらいの感情を込めてみてください。

2つめのポイントが「ー」。感嘆詞を伸ばすことです。

この「ー」の部分に人は感情が込もります。

試しに「そうなんですか」と「そうなんですかー」を口ずさんで比べてみてください。「ー」の部分に感情が乗る感覚がわかると思います。この感情が相手に伝わるのです。

感嘆詞は強烈な力を持っています。この感嘆詞を使った瞬間、相手の話に一気にスイッチが入ることになります。

2 反復：相手の話を繰り返す

「ぼく、冬はスノボざんまいなんだ」↓「へー♪　スノボですか」

「私、最近彼氏とうまくいってなくて」↓「そっかー…彼氏とうまくいってないんだね」

「最近、ジョギングを始めたんだ」↓「わー、ジョギングかあ、いいね！」↓「皇居ランとかも、やってみようかなあって思って」↓「皇居ラン、いいね。私もやってみたい♪」

「私、カレーが大好きなんです」↓「お、カレー、いいですね♪」↓「スパイスをたくさん揃えて、自分で作るんですよ」↓「スパイスたくさん、めっちゃ美味しそう♪」

　このように、話を反復することで、相手は「うん、そうなんだよ。実はこんなことがあってね……」と、次の話をしやすくなります。

3 共感：相手の話に感情を込めて理解を示す

「わかります」「大変でしたね」「よかったですね」「つらかったたね」「よくがんばったねえ」など、相手の感情に寄り添う表現。相手の話に深くうなずき、「相手と同じ表情」をしながら、時に勢いよく、時に静かに言います。

4 称賛…相手を評価する

「素敵♡」「すごい！」「さすがだね♪」など。感嘆詞の時にもお伝えしましたが、その言葉に感情を乗せ「」の中にマークを〝×10倍〟くらい入れるイメージで伝えてください。

5 質問…相手の話を中心に展開させていくために その後を追いかけて聞く

「それで、それで？」「そこからどうなったの？」「ねえ、もっと聞かせてよ」「今は大丈夫？　つらくない？」などが質問にあたります。

いいタイミングで質問が入ると、相手の話にどんどんドライブがかかっていきます。そして相手は無理なく自然に話を展開することができます。

これら拡張話法を使う最大の目的は、相手の話を「広げる」ことです。メインで話しているのは相手で、あなたが聞く側だとしても、主導権はあなたにあると意識してください。

人は、基本的に自分のことをわかってほしい生き物です。拡張話法を使うと、相手は気分よくたくさん話してくれます。

その「気分よく、たくさん話せたな」という印象が、「また、会いたい」につながるのです。

100%
好かれる
話し方のコツ
08

自分が「話す」のではなく、相手の話を「広げる」

会話上手な人が使っている「拡張話法」

①感嘆
こんなことがあったよ
へー♪ そうなんですねー^_^
②反復
私カレーが好きなんです
お、カレーいいですね
③共感
今回はかなり難しかったよ
それは大変だったね
（うなずきつつ、相手と同じ表情で）
④称賛
本を出版することになったんだ
すごい！！！！！！！！！！ さすがだね♪♪♪♪♪♪♪♪♪♪
⑤質問
ああしたらこうなってねー
それでどうなったの？

10

キーワード集を作って「拡張話法」を自在に操る

これだけ覚えれば「拡張話法」は完璧

さて、ここまでは「拡張話法」のやり方について、お話しさせていただきました。聞き方も含めて話し方。ここまではご理解いただけたと思います。

しかし、ひと口に「相手の話を広げる」と言っても、話す内容に応じて、色んなパターンがあります。

「こんな時はどうすればいいのか？」「あんな時はこの言葉が有効だ」など話を広げるキーワードをリスト化しておいて、シチュエーションによって使い分ければいいのです。

そこで、私がストックしているリストの一部をご紹介いたしましょう。


「そうだよね、わかるよ」

「大変だったね」

「そうなんだー、よくがんばったね」

「よかったねー、私も嬉しい」

「へー、それはすごい」

「やっぱりー」

「さすがだね」

「うん、なるほど、なるほどー」

「へー、それでどうなったの？」

「さあ、面白くなってきたね」

「とても勉強になりました」

「ありがとう、本当に嬉しい」
「大丈夫、必ずうまくいくよ」
「私はあなたの味方だからね」
「一緒に考えよう」
「あなたのおかげです」
「助かります」
「これからもよろしくお願いします」

まだまだたくさんあると思いますが、これらのキーワードを意識的にストックしておいて話すのと、その場しのぎで話すのとでは結果がまったく違ったものになります。

これらのキーワードに、あなたなりの質問を使って相手の言いたいことを広げていけば、あなたは必ず相手にとって必要な人になります。

100%
好かれる
話し方のコツ

09

話を広げるためのキーワード集をあらかじめ作っておく

11

「トイレ」「天井」「スマホ」で「拡張話法」を自分のものにする

「無意識の力」を使うと、キーワードは簡単に覚えられる

では、拡張話法のキーワードをどうやって覚えるのか？

これにもやり方があります。

人の心というのは、大きく分けて「意識」と「無意識」でできています。

例えば明日テストがあるという日に、一夜漬けで覚えるという記憶法は、意識の力を使っています。

意識の力を使った記憶法の場合、テストの時まではなんとか覚えていたとしても、テストが終わった瞬間から、忘れてしまいます。

そこで、私は**「無意識の力を使う」ことをお勧めしています。**

「無意識の力を使う」とは、結局のところ「習慣化する」ことです。

習慣化したものは、滅多なことであなたの心の中から消えることはありません。

習慣化するために大切な「2つの場所」

では、どうすれば習慣化できるのか。

それは自分の無意識が発動する瞬間、つまり、ぼーっとしている状態の時に目につく場所にキーワードを貼っておくのです。

例を挙げましょう。

1つめが、

トイレ

です。

トイレ学習の威力は、説明の必要はないでしょう。

なぜなら、誰でも一日に一度以上は入るところで、貼っておくと必ず目に入る場所だからです。

そこにただキーワードを貼っておけばいいだけです。

続いて2つめ。


寝起きと寝る前。


つまり、天井に貼っておくのです。

天井もトイレと同じく、寝起きと寝る前に必ず見るところです。

こうして、キーワード集をいつも自分が目につくところに貼っておくことで、無意識の力に働きかけ、それがいつの間にか習慣化するのです。

スマホを見るだけで、キーワードはすんなり頭に入る

そして、今はもっと便利なものが登場してくれました。
誰にも見られず、そしてあなただけがいつも目にするもの。
寝起きでも寝る前でも目を通すもの。
もうおわかりでしょう。スマートフォン（以下スマホ）です。
そう、3つめは、

「**スマホの待ち受け画面に貼る**」

です。
ほとんどの人が、スマホの画面を毎日見ます。
おそらく現代人で、1日1回もスマホの画面を見ないという人は、ほとんどいな

いのではないでしょうか。

スマホの画面を1週間から10日ほど見れば、大体のキーワードは頭に入ります。暗記したら元の画面に戻せばいいのです。

もし、人から見られて恥ずかしいという場合は、例えば3日間だけ表示すると決めて何度もそれを見返せばいいのです。

考えてみてください。

たったこれだけのことで、これから先、あなたの話し方やコミュニケーション能力が飛躍的に上がるとしたら、やらない手はないでしょう。

しかも、1円もかからないわけですから、やって損するということはないはずです。

人から好かれる人のチャンスや生涯にわたって得られるメリットは、コミュニケーションの苦手な人と比べると、恐ろしいくらい差がつきます。

もちろん無理にとは言いません。

ただ、少しでも「やってみようかな」と思ったら、今すぐやってみることをお勧めします。

100%
好かれる
話し方のコツ

10

「トイレ」「天井」「スマホ」の3つを活用して拡張話法を身につける

キーワードを習慣化する方法

①トイレにキーワードを貼る

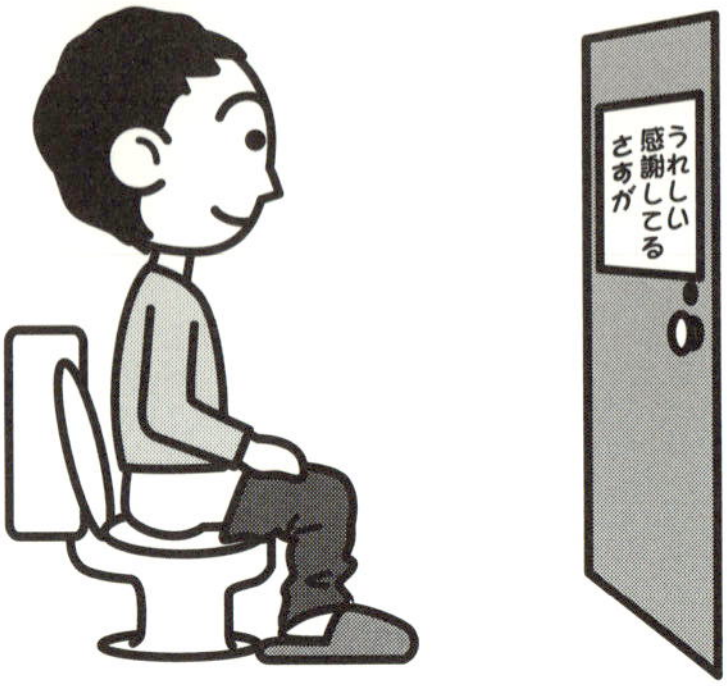

②天井にキーワードを貼る

③スマホの待ち受け画面にする

第2章

「また会いたい」と思われる人の話し方

12

うまく話そうとするから話せなくなるのだ

一番大切なのは、思いやスタンス

話し方において、あなたにお伝えしておきたいことがあります。
「うまく話せるスキル」は、一般の会話においては、必須条件ではありません。
流暢に淀《よど》みなく話せるようにならなければ、と思っている人が多いようですが、
一番大事なのは、

あなたの思いやスタンス

です。

「何を伝えたいか」「どういう意識で相手と接しているか」――こうした内面は、必ず会話にもにじみ出ます。

それをわかった上で、自分自身がどういう言葉を選択するか。そこが、人の心に響く本当の話し上手になれるかどうかの分かれ道です。

論語に、

「巧言令色鮮し仁《こうげんれいしょくすくなしじん》。剛毅木訥仁に近し《ごうきぼくとつじんにちかし》」（口先だけうまく顔つきだけよくする者に真の仁者はいない。真の人格者はむしろ口が重く愛想がない）

という言葉がありますが、たとえ流暢にしゃべることができなくても、訥々《とつとつ》としていても、気持ちを込めて話したほうが、相手の心に響くということは往々にしてあります。

例えば、滑舌《かつぜつ》もよく、流暢に話すことができる人がいたとしても、そこに思いがなければ、その人の話し方に心動かされることは少ないでしょう。

一方、ときおり言い淀みながらも、本当に伝えたいことについて熱心に語っている人の話は、胸を打つものです。みなさんにも、まったく同じことが言えると思うのです。

「力み」を捨てる

流暢に話すことが苦手な人は、「うまく話そう」と思わなくてもいいのです。逆にあなたの美しい内面が、余計な焦りによって、悪い印象に変わってしまったら、これほどもったいない話はありません。

話すことが苦手なら苦手と、開き直ってもいい。
流暢に言葉が出てこなくても、焦らなくていい。
じっくり言葉を選びながら、ゆっくり話せばいい。

そう思って相手と向き合えば、通じるべきものは必ず通じます。

言葉はコミュニケーションのツールなのですから、言葉を通じて思いが伝わることが最も重要です。

そう考えれば、たとえ流暢でなく、言葉数が少なかろうと、ゆっくりじっくり話し、真意を相手の心に届けることができる人を、本当の話し上手と呼んでいいのではないでしょうか。

100%
好かれる
話し方のコツ

11

じっくり言葉を選びながら、自分のペースで話す

13

苦手な人に、自分から話しかけるのはやめなさい

沈黙は悪いことではない

人と一緒にエレベーターに乗った時に、沈黙になるのが気まずい。そんな悩みを聞いて、びっくりしたことがあります。

話すことがないのなら、話さなければいいのです。これくらい軽く割り切っていいと私は思います。なのにそれができないのは、あなたの心の根っこに、「沈黙はダメ」という思い込みがあるからかもしれません。

仲のいい人となら、エレベーターの中でふと沈黙が訪れても、「気まずい」とはならないでしょう。

なのに「エレベーターの中の沈黙が嫌」というのは、紐解いてみれば、「話したくない人とも話さなくてはいけない」という思い込みがあるからではないでしょうか？

しかし、相手はどういう人かわかりません。人それぞれ個性があり、中にはあなたの個性と波長が合わない人がいるかもしれません。そこを無理に話しかけようとするほうが無謀です。

沈黙はダメなこと。その呪縛から、一刻も早く解き放たれましょう。

そもそもエレベーターは公共の場所ですから、無理に話しかけるくらいなら、降りたその先のことを考えながら過ごしましょう。

もしくは、「こんにちは」と笑顔で挨拶して、あとは1人で勝手にニコニコしていればいいのではないでしょうか。笑顔も1つの会話ですから。

話しやすい人との時間を意識して増やす

話し方の講座をしていると、「会話の難しい人と距離をうまく詰めるために」学んでいる人が多いことに驚きます。

しかし、運動でも共通して言えることですが、いきなり有段者の真似をしても技術は上達しませんよね。

何が言いたいかと申しますと、

会話の難しい人との距離を無理に詰めなくていい

ということです。

もっと言えば、今の時点で会話が難しい人とは、話さなくてもいいのです。

できる限りスルー。これはあなたが思うほど悪いことではありません。

まずは、自分の話しやすい人とだけ話すことで会話力を磨いていく。

そのためには、

あなたが話しやすい人との時間を増やしていく

ということが一番の近道なのです。

ゲームでも映画でもそうですが、いきなり〝ラスボス〟を倒すことはできません。

まずはあなたが話しやすい人、質問しやすい人、あなたの話に共感してくれる人を相手に、小さな成功を積み重ねていくことから始めていけばいいのです。

100％
好かれる
話し方のコツ
12

自分が話しやすい人とだけ話すことで、会話力を磨いていく

14

ほめ方にもコツがある

なんでもほめればいいというわけではない

人をほめる。

このことの大切さを感じている人は少なくないでしょう。

話し方教室などでも、「とにかく相手をほめましょう」ということを伝えない教室はないくらい、ほめ方というのは大きなテーマです。

たしかに人をほめることは、会話においてとても大切なことです。

しかし、人はその奥にある、言葉を発する人の気持ちを感じ取るセンサーも持っています。

普段人をほめたことのない人が、話し方教室に行った途端、「お、今日も笑顔がステキだね」などとほめても、相手に「突然何？　何の魂胆があるの？」と勘ぐられてしまうのがオチです。

ほめることは大切なことですが、やたらとほめても、必ずしもうまくいくとは限りません。

あくまで大切なのは、**相手が何を大切にし、どこをほめられると嬉しいのか？**

ここをしっかりと観察し、心からほめることにあります。

ここぞという時に使うと効果的な「やっぱり」

ここでは初対面ではなく、いつも共に時間を過ごしている人をほめる時に大切な魔法のキーワードと言い方をお伝えします。

あなたに絶対に習慣化してほしいキーワード。それは、

「やっぱり」

です。

「やっぱり、やると思ってた」

「やっぱり、美味しい」

「やっぱり」には、ものすごいエネルギーがあります。

「やっぱり」をつけなくても、普段一緒にいる人からほめられることは嬉しいもの。

そこに「やっぱり」がつくことで、相手は「えっ、普段からそう思ってくれてたの？」とあらためて嬉しい気持ちが湧き起こります。

「やっぱり」

この言葉には、「普段から思っていたけど」というアンダーメッセージが含まれているのです。

「ボソッとつぶやく」に秘められたすごい威力

さて、次はほめ方です。

面と向かってほめられるのは嬉しいものですが、日本人は面と向かってほめられることがあまり得意ではありません。

ほめられたら謙遜。この文化が知らず知らずのうちに染み込んでいるのです。

ではどうすればいいのか？

それは、

「独り言でつぶやくこと」

です。

以前、私の経営する飲食店でこんなことがありました。

私たちの店では、年に何度か大きなイベントを企画しています。

ある年、イベントが終わった後の懇親会で、参加者の財布からお金が抜き取られる事件が起こりました。

個人の財布は個人管理といってしまえばそれまでですが、懇親会後、私をはじめ、イベントを企画していたスタッフたちは警察に呼ばれ、事情聴取されました。

そのお店にはたまたま防犯カメラがついていたので、犯人は特定できたのですが、事情聴取の後、私たちが店に帰ったのは翌日の夜中。

私をはじめ、スタッフたちはぐったりしていました。

「何でこんなことが起きたんだろう。来年、この企画をやるかどうかもういっぺん考え直そう」

そんな暗い話題になり、私たちはテーブルに突っ伏していました。

そんな時、店で一番若い女性社員が何も言わず、みんなにお茶を出してくれ、ボソッとこう言ったのです。

「ここまでしなくてもいいのに。やっぱりうちのお兄ちゃんたちが一番かっこいいなあ……」

独り言のようにつぶやいて厨房に戻りました。

ガバッ。

全員がそのひと言で頭をあげ、目を合わせました。

いっときの沈黙。

その後、誰ともなく、

「あいつ……。嬉しいこと言ってくれるじゃねえか」

「だね。なんか元気出た」

「来年もがんばろうか」

「そうですね、来年はもっといいものにしましょう」

「そうだね、防犯をしっかりすればいいし」

男は単純です。彼女の「やっぱり」のひと言に、そこにいた全員が息を吹き返しました。

「やっぱりここ(奥さんや恋人)が一番落ち着くわ」

「やっぱりすごいなあ」

いかがでしょうか。

面と向かって言われるのではなく、目を合わせずに独り言のように、ボソッとつぶやかれる。

想像しただけでも、嬉しさがこみ上げてきませんか？

みなさんもタイミングの合う時に、ぜひ使ってみてください。

なお、このテクニックには想像以上の威力がありますので、くれぐれも悪用禁止でお願いします（笑）。

100%
好かれる
話し方のコツ

13

ここぞという時に「やっぱり」と「独り言」を使う

相手がとびっきり喜ぶほめ方

今日の服、
センスいいね～！
普段ほめないのに
何だろう？

むやみにほめても
効果は薄い

①「やっぱり」を使う

やっぱり、
すごいなぁ

普段からそう思っていた
ことが伝わる

②独り言をつぶやく

やっぱり、
すごいなぁ

謙遜文化の
日本人に効果抜群

15

「正しい話」より「好かれる話」をしよう

自分の話したいことではなく、相手が求める話をする

皮肉な話ですが、「うまく話そう」と思えば思うほど、相手に「もう会わなくていいかな」と思われるきっかけを作ってしまうものです。

押したら引かれる。これは、人間関係の基本的な力学です。

「うまく話そう」という姿勢が透《す》けて見えると、多くの場合、相手は「自分に取り入ってメリットを得ようとしている」と受け取り、気持ちが離れてしまうのです。

「お役に立ちたい」という気持ちで話すと、それは自然と相手にも伝わり、相手もあなたの言葉に真摯に耳を傾け始めます。

常に心がけておくべきことは、
「自分の話したいことではなく、相手の求めている話をする」
ということなのです。

「正しい話」ではなく「好かれる話」をする

一見、決まりや正論で動いているように見える世の中のほとんどは、実は感情に基づいて動いています。

簡単に言うと、ビジネスも、友人関係も、コミュニティも、「好き嫌い」がすべてなのです。

私たちは子どもの頃、親や学校の先生から、「好き嫌いで人を判断してはいけません」と言われました。しかし、本音の部分では、親や学校の先生たちも好き嫌いで動いているのが現実です。

そういう意味では、**日常のささいな会話においても、「自分が話したいこと」で**

はなく「相手の求めている話」をする。

「正しい話」ではなく「好かれる話」をする。それが「また会いたい」と思われる人になる一番のキーポイントとなります。

売り込むのではなく、相手に役立つ情報を届ける

ビジネスも同じです。

例えばあなたが営業マンだとした場合、同じ商品でも、お客様に好感を持たれなければ、お客様はあなたから商品を買おうとは思いません。

最終的にものをいうのは、人として好かれるかどうかなのです。

自分が売りたいものについて一方的に話してしまうと、どんなに素晴らしい商品でも売れません。

そうではなく、「お役に立ちたい」という気持ちを持って話すと、もれなく相手の要望に応える話、好かれる話ということになります。

例えば、すぐに自分の仕事に結びつかなくても、「前に、こういうことで困っているっておっしゃっていましたよね。実はこんな情報がありまして……」と、相手にとって耳寄りな話をする。

一見、非効率に思えても、相手優先で「好かれる話」をする人こそが、ゆくゆくは大きなチャンスをつかむのです。

ここを察し、相手にとって必要で喜ばれる話をできる人が、最終的には大きな利益を手にするのです。

100%
好かれる
話し方のコツ
14

「相手に好かれる話」「相手にメリットのある話」をする

16

名刺を受け取ったら、すぐにしまってはいけない

「肩書き」の前に「相手の名前」を覚える

初対面で名刺を交換した時、最初にどこを見るか——。

それによって、会話の弾み方やあなたの印象は変わります。

多くの人が、その人の会社の名前や肩書きに目を止めがちです。

しかし、最初に覚えてほしいのは、相手の会社でも肩書きでもなく、**相手の名前です。**

名前を起点にすると、初対面であっても会話が弾みやすいのです。

名前というものは、その人が生まれてからずっと共に生きてきたものです。また、

名前には、その人のご両親の思いが詰まっています。

ビジネスネームだとしても、その人自身が考え抜いてつけたもの。思いが詰まっている点では変わりありません。

名刺とは、そんな大切な所有物を、一瞬で共有させてもらえる素晴らしいツールなのです。

相手の名前を繰り返し言うことで、頭にインプットする

まず大切なことは、**初対面で名刺を受け取ったら、すぐにしまわないこと。**しまうとしても、相手の名前と字面をすべてインプットし、名前を起点に会話を広げてからにしましょう。

そしてもう1つ、うまくいく人は、**初対面で名前を聞くと、すぐに相手の名前を呼び始めます。**

例えば、こんな感じです。

「はじめまして。○○株式会社の田中と申します」

「はじめまして、○○（あなたの名前）と申します。田中さん、この会社の商品はよく使わせていただいています」

これはプライベートでも同じです。例えばこんな感じです。

「はじめまして。野村千恵子と申します」

「よろしくお願いします。○○です。野村さんは普段お仲間さんからはなんて呼ばれているのですか？」

「よく『ちーさん』と呼ばれています」

「仲良くなりたいので、私も『ちーさん』と呼ばせてもらってもいいですか？」

このやりとりでは、自分が相手と仲良くしたいこと、そして仲間になりたいことをさらりと宣言しています。

「初対面でそこまで相手の懐に入るのはちょっと……」

と思われる方は、「野村さん」から始めてもかまいません。

つまり、ここで重要なことは、

「名前を知ったら、すぐに名前で相手を呼び始めること」

「できる限り相手の名前から会話を始めること」

の2つです。

名前を覚える人は愛される

コミュニケーションの上手な人は、相手の名前を話の中にちりばめながら、相手との絶妙な距離感を作ることに長けています。


何度もお伝えしてきましたが、人は誰もが自分を一番大切に思っています。

その大切な自分の名前を頻繁に呼ばれると、自分自身が受け入れられた感じが伝わり、安心感や親近感を抱きやすいのです。


「名前から会話を広げる」「名前を頻繁に呼ぶ」

相手の名前にフォーカスするのは、相手の存在そのものにフォーカスするのと同じことなのです。

いきなり面白い話や込み入った話などしなくても、相手の名前にフォーカスして話すだけで、初対面の相手とも一気に心理的距離を縮めることができます。

初対面で好印象を残した後は、2回目以降会った時に第一声で相手の名前を呼べば、あなたの好感度は飛躍的に上がります。

100％
好かれる
話し方のコツ
15

相手の名前を覚えてすぐに呼び始める

名刺交換で一番最初に見るのは「肩書き」ではなく「名前」

さりげなく相手の名前を連呼する

名前を覚える人は愛される

17

「あなた」を多用して、自分のファンを作る

「あなた」を多用すると、なぜファンが増えるのか？

さっそくですが、人と会話する時に覚えておくととても役に立つことがあります。
それは、
「あなた」
を多用することです。
この言葉を使えば使うほど、人に好かれるのです。
なぜなのでしょうか？
答えは簡単。誰もが心の底では自分のことが大好きだからです。

そして話の中で、自分を話の主役にしてくれる人のことは、誰もが好きになるからです。

「あなた」は、相手を話の主役にする言葉

例えば、プラス言葉にも自分軸と相手軸のものがあって「楽しい」「幸せ」という言葉は、あくまで自分軸の言葉。

「お前が楽しいからって、何だって言うんだよ」

聞いている人の中には、こう思う人もいるでしょう。

しかしこれが相手軸のプラストークなら、相手を幸せな気分にすることができます。

「あなたと会うと安心するよ」

「いつも気持ちのいい対応をありがとうね。あなたのそんなところが好き」

「あなたみたいになりたいって、みんな言ってるよ」

これらはすべて、自分軸の話し方のようでいて、相手が主役の話し方になっています。

こうした相手軸の話し方をする人を、不愉快に思う人はいません。

あなたの言葉の中に、「あなた」が多いか「僕は（私は）」が多いかを日頃から注意してみてください。

好かれる人は、トークに「あなた」が多いことに気がつくと思いますよ。

100％
好かれる
話し方のコツ

16

「あなた」を多用して、相手を会話の主役にする

なぜ「あなた」を多用する人が うまくいくのか

あなた みたいに なりたいな
あなた すごいわ！
あなた 素晴らしいね
あなた といると 安心するよ

「あなた」を多用する人が多くの人を魅了する

なぜか？

↓

相手を会話の主役にするから嬉しくなる

↓

人は誰しも自分が一番好き

18

人を巻き込む話し方
――「説得」するより「勝手に楽しむ」

人は勝手に楽しんでいる人に「巻き込まれたくなる」

社内やコミュニティ内でやりたいことがある時、周囲を巻き込もうという熱意が出すぎると、逆に人が集まらないという事態になることがあります。

これもセールストークと同様、アツい気持ちはあっても、自分優先で無理やり人を説得しにかかろうとすると、相手の気持ちは引いてしまいます。

そうはいっても、周りを説得しなければ、誰も協力してくれない。そんな風に思うかもしれません。でも実際には、説得するよりも、もっと効果的に人を巻き込める方法があります。

以前、こんな動画を見たことがあります。

人がたくさんいる広場で、突然、1人の男が音楽に合わせて踊り出します。その男性を、怪訝《けげん》な目で見つめる人たち。見て見ぬ振りをして、足早に広場を後にする人もたくさんいます。

ところが、しばらくすると別の人が踊り始めます。その後も1人、また1人と踊る人が増えていき、最終的に広場は、野外ダンスフロアさながらという状況になったのです。

最初は1人でも、楽しくしていると、自然と巻き込まれる人が増えていき、やがてそれは大きなムーブメントになる。この動画には、**「楽しそうな人には巻き込まれたくなる」という人間心理が、明確に現れています。**

人を説得しにかかるのは、無理やりダンスに引き込もうとするようなもの。そうではなく、こちらが勝手に楽しんで踊っていると自ら飛び込んでくる人がやってくる、そういう状況を作ればいいのです。

巻き込まれた人はあなたの「最強の協力者」になる

この方式だと、説得するという労力を使わなくていい上に、巻き込まれてくれる人たちの意欲も高くなります。

なぜなら、**人は無理やり説得されて参加するよりも、「いいな」「楽しそうだな」と自ら参加したほうが、意欲高く取り組めるからです。**

周囲の協力が必要なことでも、まずは自分がワクワクすること。

すると、必ず「何か手伝おうか？」と言い出してくれる人が現れるでしょう。彼らこそ、自ら巻き込まれてくれた「最強の協力者」というわけです。

100％
好かれる
話し方のコツ
17

自分自身が楽しむことで、
周囲を巻き込む

無理やり人を巻き込もうとしていないか

激アツすぎる人間に対して人は引いてしまう

この事業は世の中のためになる！
君らも協力すべきだ！
協力しないヤツは意識の低いヤツだ！
一人でやればいい……
なんだか協力したくない……

人は楽しそうに語る人のところにやってくる

このプロジェクト楽しいよ
みんなも一緒にやらない？
楽しそうだからやってみたい
なんか面白そう
この人に協力したい

まずは自分がワクワクしよう！

19

相手との共通点は「食べ物」「出身地」「ペット」で探そう

自然と会話が始まる鉄板ネタ

人間、誰しも何かしらの趣味嗜好があり、それを誰かと共有したいという気持ちを持っています。

初対面でも、たまたま互いの共通点が見つかると盛り上がり、一気に打ち解けるのは、まさにそうした心理が作用した結果です。

この「たまたま」を意図的に起こすことができれば、よく知らない相手と話す時にも、「何を話したらいいのか」「場が持たない」という恐れを半減させることができます。

一般的には、政治や宗教、氏素性などはナイーブな話題であり、避けたほうがいいとされています。

個人の主義主張や、家柄などの出自に関わるものは、ともすれば論争に発展したり、傷つけ合ったりする恐れがあるからです。

では、どんな話題を持ち出すと、誰も傷つけることなく話が盛り上がるのでしょうか？

「食べ物」「出身地」「ペット」

この3つです。

明るく話せて、広がりやすい「食べ物ネタ」

食べることは人間の三大欲求の1つであり、万人に共通する生活習慣です。

同じ欲求でも、睡眠欲や性欲と違って、「食べ物」は話が広がりやすく、かつ明るく話せる話題です。

例えば立食パーティで、相手がお皿に取っているものに注目し、そこから食べ物の話題に入ると、すんなり話を広げることができます。

「(立食パーティで、ローストビーフをたくさん取っている人に)おお……ローストビーフ美味しそうですね。お肉がお好きなんですか？」

「はい、お肉大好きなんです」

「私も好きです！　例えば焼肉店で、どこかおすすめのお店ってありますか？」

「ありますよ。私はそこの焼肉店に出会ってから、他に行かなくなりました」

「さぞ美味しいんでしょうね。良かったら、教えていただいていいですか？」

「もちろんです。お店の名前は……」

個人差はあるとは思いますが、ヒット率が高いのは、男性ならラーメン、カレー、肉料理、女性ならパスタ、スイーツなどです。

同じ料理でもどんな系統が好きか、おすすめの店はどこか……などなど、簡単に話を発展させることができます。

「出身地ネタ」で、意外な共通点を見つける

次の「出身地ネタ」は、同郷となれば地元ネタで盛り上がります。

また、たとえ同郷でなくても、慌てて話題を変える必要はありません。

相手の出身地の名物などを尋ねるのもアリですし、もし自分がその土地に行ったことがあるのなら、その経験が、相手の出身地ネタを引き出す糸口にもなります。

必ずしも同郷でなくとも、地元ネタは共通項になりうるのです。

例えば、P104で紹介した「名刺」を起点に話を振ると、自然と出身地の話題に入れるでしょう。

「『古賀』さんって、たしか福岡に多い苗字ですよね。福岡ご出身なんですか？」

「わあ、よくご存知ですね！　そうなんです。福岡県柳川市です」

「あ、柳川ですか！　私、一度行ったことがあります。北原白秋《きたはらはくしゅう》の生家とか鰻《うなぎ》のせいろ蒸しとか柳川の川下りとか、名物がいっぱいありますよね」

「そうですね。意外と観光地なんで、夏休みとかはどこも人だらけですよ」

「私が行った時はあまり人がいなくて、川下りしたり、けっこうのんびりしちゃいました。行った理由は学生時代の友人に会いに行ったんです。今、柳川の○○商店の跡を継いでいるんです」

「え⁉　○○さん、私知り合いです。中学校が一緒なんです」

「ほんとですか！　元気ですか？」

「先日同窓会があって会いましたよ」

「わー、世の中狭いですね。とてもご縁を感じます」

「私もです」

人は意外な場所でつながっているものです。こうしてご縁が深まり、つながりが広がっていくパターンは少なくありません。

日本人の7割が興味を持つ「ペットネタ」

3つめはペットです。

一説では日本の約3世帯に1世帯がペットを飼っているとされ、実際、ある保険会社が500人を対象に行った調査でも、「ペットを飼っている」と答えた人は30パーセント強もいました。

さらに別の調査ではペットは飼っていないけれど動物が好き、いずれ飼いたいと思っている人を合わせると、なんと70％にも上ります。

つまり、ペットネタは、とてもヒット率が高いのです。

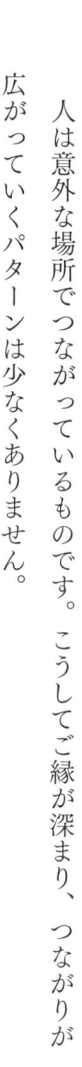

もしあなたがペットオーナーならば、「最近、うちの犬が……」という具合に水を向けてみてもいいでしょう。相手もペットオーナーだったり、動物好きだったりすれば、しばらくペットネタで盛り上がり、一気に親近感が生まれるはずです。


「先日いただいたお名刺で、上原さんのフェイスブックを見ていたら、トイプードル飼ってらっしゃるんですか？　じつは私も飼ってるんです！　何歳ですか？」

「うちの子は3歳です。佐口さんところのワンちゃんは何歳ですか？」

「まだ飼ったばかりで3ヵ月なんですが、この子が本当に可愛いんですよ。すぐに帰りたくなるので、夜の会食が減って、生活習慣が変わっちゃいました♪」

「本当に可愛いですよね」

「上原さんはペットオーナーの先輩なのでお聞きしたいんですが、トイプードルのサークルとかってありますか？」

「ありますよ。うちの子も入ってるんで、よかったら今度ご紹介しましょうか？」

「わあ、ぜひぜひ！」

このように、食べ物、出身地、ペットは鉄板ネタと言えますが、その他、互いの共通点を見つける際に役立つツールにフェイスブックがあります。

インスタグラムやツイッターに比べ、フェイスブックは実名登録が多いため、手軽に相手を発見しやすい利点があります。

実際、私も知り合ったばかりの人をフェイスブックで検索して、好きな本や映画など共通点を見つけることがよくあります。

また、相手のほうからも共通点を探してもらいやすくするという意味では、自分のフェイスブックページの情報を充実させておくことは大切です。

スムーズに相手との共通点を見つけて、良き人間関係の構築を目指しましょう。

100%
好かれる
話し方のコツ

18

鉄板ネタ3種を積極的に活用して、相手との共通点を探る

会話に困った時に助かる3大キラーテーマ

①食べ物

②出身地

③ペット

共通点が見つかると、会話は一気に盛り上がる

20

人は「笑わせてくれる人」より「一緒に笑ってくれる人」が好き

大好きなあの人と話す時、つい力んでしまうあなたへ

「あこがれのあの人と話せる！　嬉しい」

「この人ともっと仲良くなりたい」

「次回、お会いしてぜひ色々話を聞かせてほしい」

そう思った瞬間に力が入ってしまい、思っていることの半分も話せなかった……

あるいは、どうでもいいことばかり話してしまって、肝心なことをお伝えできなかった……。


そんな経験はありませんか？

私もリラックスしている相手の時は、それほど力まず話ができ、ナチュラルないい関係を築けます。

しかし、自分の中で特別だと思っている相手には、つい力が入りすぎて、必要以上に話しすぎてしまいます。

そんな時は、頭の中にあった拡張話法など、どこかに飛んでしまっていて後悔しながら家路についたという経験が、何度もありました。

そこであなたには私のような失敗がないように、魔法のキーワードを2つご紹介します。

女性にかけると効果てきめんのキラーワード2つ

（ビジネス関係の場合）「あははは。それは面白いですね！　それでどうなったんですか♪？」

（友人や恋人などの場合）「あははは。うける。もっと聞かせてよ」

の2つです。

ビジネスパートナー、友人関係や恋人、夫婦……。

あなたにも色んな人間関係があると思いますが、どんなつながりにおいても、この2つの言葉はまさに万能で効果てきめん、会話がどんどん広がっていきます。

ですので、今すぐにでも近くにいる大切な人に試してほしい、そしてその効果を実感してほしい。心からそう思います。

ところで、なぜこの言葉がそれほど大切な人に有効なのでしょうか？

それは、三原則の1つ、**「人は誰もが自分のことをわかってくれる人を好きになる」を満たす言葉になっているからです。**

人は、特に楽しい時、嬉しい時、その感動や喜びを周りの人に伝えたくなります。

その時にこのひと言をかけられることによって、「あっ、この人は私と一緒に喜んでくれる人なんだな」と、自分の感動をさらに倍増させていくのです。

「人は、笑わせてくれる人よりも、一緒に笑ってくれる人を好きになる」

このことを理解しておくと、自分がたくさんしゃべらなくても、流暢に話ができなくても、相手に気に入られようと無理にいい話をしなくても自然に好かれます。

そして、この2つは特に男性に覚えておいてほしいキーワードです。

なぜなら、**女性は男性以上に共感してもらうことに喜びを感じるからです**（もちろん個人差はあります）。

例えば、奥さん、パートナー、恋人に対して、もしあなたに話しすぎの感があるようなら、ぜひこのキーワードを使ってみてください。

併せてその時、表情、身振り手振り、〝「！」「♪」×10〟をつけると信じられないほどのパワーを発揮します。

ぜひ一度お試しください。

100％
好かれる
話し方のコツ

19

大切な人と一緒に笑うと、距離感は一気に縮まる

21

一生使える自己紹介の作り方

自己紹介の悩みは、1回の作成で一生解決

初対面や会合にはつきものの自己紹介。

時間にすれば、せいぜい1~3分程度のものですが、これが苦手という声も、よく耳にします。

その多くが「何を話していいのかわからない」という悩みですが、とはいえ、社会に出ると、多かれ少なかれ何らかの場面で、自己紹介を求められます。

そのためにも、自己紹介は前もってきちんと準備しておくことです。

これからお話しするのは、最初こそ少し手間はかかりますが、いったん実践して

しまえば、ずっと使える自己紹介の準備法です。

年月が過ぎたり、仕事が変わるなどが起こっても、微調整を加えるだけで長い間使える優れものです。

心に響く自己紹介の作り方、3つのステップ

手順は、①自分史を書く、②プロフィールをまとめる、③キーワードを絞り込む、の3つです。

1 自分史を書く

自身の誕生から現在に至るまでの歴史を、「箇条書き」で書き出す。

2 プロフィールをまとめる

出身地、出身校など余分な情報を省きながら、自分史を簡略に「文章」でまとめ

る（出身地や出身校を伝えることが有意義な場合は入れてかまいません）。

3 キーワードを絞り込む

「なぜ今の仕事をしているのか？」

「今の自分は、どんな喜びや、やりがいを感じているのか？」

などを考えながらプロフィールから、今の自分を表すキーワードを導く。

自己紹介の時に言葉が詰まってしまうのも、ダラダラ長くなってしまうのも、どのつまり、自分で自分のことをわかっていないこと、そして「今の自分をズバリ表現する言葉」を見つけていないことが原因です。まず自分史からプロフィールをまとめ、そこからキーワードを絞り込む。すると、単なる「略歴」ではない、自分の「思い」が乗った素晴らしい自己紹介文ができます。

人の心に一番、響くのは、あなたの「思い」の部分なのです。

「感謝」を入れた自己紹介で、人の心を動かす

もし、大勢が集まる場で自己紹介するのなら、もう1つ、覚えておくととても得するポイントがあります。

それは**主催の方への「感謝」、そしてそこに集まった方へ「お会いできて嬉しいです」という「感謝」をつけ加えることです。**

どのような集まりにも、必ず、中心になって動いている主催者がいます。

また、どのような集まりでも、誰かしらのツテがあってあなたは参加しているはずです（主催者と誘ってくれた人が同一人物の場合もあるでしょう）。

彼らの存在がなければ、今、あなたはここに立っていません。ご縁のありがたみを思えば、感謝の言葉が出てくるのは当然ともいえます。

ここは多くの人が、自己紹介に一生懸命になるあまり、見落としがちです。

だからこそ、大勢の人の前で自己紹介する際には、必ず感謝の言葉を入れる。こ

れで、いっそう人の心に響く、素敵な自己紹介になります。

「初めまして。鈴木太郎と申します。まずは今日のこのような素晴らしい会を主催してくださった佐藤幸子さん、ありがとうございます。

私は現在、すばるブックスという書店でビジネス書フロアを担当しています。世の中には素晴らしい本がたくさんありますが、本当に自分が必要とする本と出会っている人は、実は少ないのかもしれない。そんな思いがあって、本を作る出版社から、本と人をつなぐ書店へと転職しました。

毎月、たくさんの本が入荷される中で、『人生を変える本と出会う場を作る』ことが私の使命です。よろしくお願いいたします」

100％
好かれる
話し方のコツ
20

自己紹介は、「経歴」よりも「思い」を込めると相手の心に響く

心に響く自己紹介を作る3つのステップ

①自分史を書く

☑ 生まれてから現在までの自分の歴史を書く

1974 年	愛媛県今治市生まれ
1992 年	○○高校卒業、△△大学入学
1996 年	□□広告に入社
1998 年	◇◇出版に転職 6 カ月で辞める バーテンダーの修業を始める
2000 年	地元今治に帰って バーテンダーを始める

②プロフィールをまとめる

☑ 出身地・出身校など余分な情報を省略する

☑ 簡略に「文章」でまとめる

愛媛県今治市生まれ
18 歳の時に大学入学と同時に上京。大学卒業後、広告会社、出版社に勤めるも長続きせず退職
バーテンダーの修業を始める
2 年後バーテンダーになる

③キーワードを絞り込む

☑ 今の自分を表すキーワードを導く

愛媛県今治市生まれ
小学校の頃から「**将来はバーテンダーになる**」ことを夢見る。
18 歳の時に大学入学と同時に上京。ともにバーテンダーを目指した友人を亡くしたことで、**一度は夢を断念したもののあきらめきれず**、24 歳の時バーテンダーになるべく修業を始める。
2 年後に地元の今治でバーテンダーになる。

22

最強のネタ帳「しくじりリスト」を作る

「しくじり」こそ最強のネタ

人は色んなことで悩んだり、くじけたりする生き物です。

そんな時は思わずうまくいっている人を羨《うらや》んだり、自分の失敗にいつまでもクヨクヨしてしまいがちになります。

例えばそういう人を目にした時、あるいは楽しくコミュニケーションを取りたいなという相手に出会った時、必ず使えるネタがあります。

それは、「失敗談」です。

人生で成功し続けている人は、ほとんどいません。

多くの人が、何らかの形で失敗し、悔しい思いをしてきています。

そこで、誰もが持っている失敗話を集めて、ネタにしてしまえばいいのです。

そのためには、**「マイしくじりリスト」を作成することです。**

過去にさかのぼって、恥ずかしくなることや、昔の失敗話を思い出してリスト化しましょう。

私のしくじりネタ「僕の家には外国人が住んでいます！」

これは私の鉄板ネタですが、私が小学校1年の頃の話です。

周りの友達が「自分の家のお父さん、お母さんがどれだけすごいか」について話し始めました。

私も何か言いたくて、思わず
「僕の家には外国人が住んでいる！」

と嘘をついてしまいました。

すると、

「すげー！」

「外国人がいるって、英語話せるの？」

となって、引っ込みがつかなくなってしまいました。

結局「どこかに行った」などと逃げ回るハメになったのですが、その話をうやむやにするまで結構大変な思いをしたように思います。

今思い返すと、

「なぜ、あんな嘘を言ったんだろう？？？」

と自分のことながら笑ってしまいます。

失敗談が、相手を安心させる一番の処方箋

「運動会で思いっきり走ったらビリだった」

「友達に『あの子を絶対におとす！　あの子は絶対に俺のことが好きに違いない』

と宣言して告白したら思いっきりフラれた」

「周りの目を意識しながらハイヒールで颯爽《さっそう》と歩いていたら、ヒールが折れてこけた」

振り返れば、ネタはたくさん出てくるはずです。

もちろんこれは遠い昔のことでなくても大丈夫です。

おそらく色んなことを思い出していくうちに、最近あった笑える失敗もたくさん出てくるはずです。

そして、このリストを作る習慣を身につけることによって、ここから先、あなたが何かで失敗したとしても、「あ、これもリストに追加しよう」と、前向きに意味づけすることができるようになります。

いずれにせよ、失敗談というものは、人の共感を生み出すものです。

恥ずかしい過去をカミングアウトすることは、決してあなたの評価を下げることにはなりません。

そこをさらけ出して笑いに変えることができるあなたに、人は大きな安心感を覚えます。

念のためつけ加えておきますが、あまり晒《さら》したくないことまで晒して話しましょう、ということではありません。

あくまであなたの中で笑える程度の失敗談を、ぜひ思い出してリスト化してくださいね。

100%
好かれる
話し方のコツ
21

しくじりリストを作って、失敗談をタイミングよく話す

しくじったことは最強のネタになる

ウソをついて失敗した話
ウチには外国人が住んでいるよ
英語話せるの!?
会いたい!!
うわぁマズイ
どうしよう
勘違いで失敗した話
あの子、絶対にオレのこと好きに違いない
え!?そうなの
ホント～??
つき合ってください!!
他に好きな人がいるの
フラれちまった

「なぜあんなことをしたんだろう」ということをリスト化する

人は失敗に共感する＝話のネタに困らなくなる

第3章

人に嫌われない話し方

23

「嫌われない話し方」は、「好かれる話し方」以上に重要

結局、人生を左右しているのはコミュニケーションである

人が集まる場では色んな話が交差します。

今、こうしてあなたが本を読んでいる間も、日本全国で色んな人間模様が繰り広げられています。

そう考えると、私たちの人生において、コミュニケーションに費やしている時間は膨大なものになります。

ですから、人生の大部分を占めるコミュニケーションが楽しいか不快かで、人生は大きく変わるといっても過言ではないのです。

そんな中、人と人とのコミュニケーションをつぶさに見ていると、

「この人は人に好かれるだろうな」とか
「この人、コミュニケーションがとっても上手だな」

と思わせる人がいる一方で、

「この人は話し方で損しているだろうな」とか
「そんなこと、今ここで言わなくてもいいのになあ」

と思う人も少なくありません。

人間関係は話し方が9割。

ここまで話してきた、相手の感情を良くする話し方は大切なのですが、それ以上に相手の感情を害さない話し方をすることが大切なのです。

まずは「好かれること」より「嫌われないこと」

ここでまた、1つ覚えておいてほしいことがあります。

コミュニケーションにおいて、最も重要なことは、

「好かれる前に、まず嫌われないこと」

です。

人の感情は、快と不快の2つしかありません。

プラス軸の感情とマイナス軸の感情を行ったり来たりしていると、想像してもらえるとわかりやすいと思います。

特に初対面においては、

「この人は感じがいいな」「この人とは仲良くなりたいな」

か、

「この人、なんか嫌だな」「これ以上話したくないな」

のどちらかで印象が決まります。

その時、相手のメモリが悪印象のほうに大きくふれてしまうと、ゼロに戻すために相当な努力をしなければならなくなります。

つまり、話し方の上手な人は、一度人から嫌われてしまうと、その後どんなにがんばってもリカバリーが難しいことを知っていて、好かれるよりも嫌われない話し方をすることに細心の注意を払っているのです。

そこでこの章では、「人に嫌われない話し方」の事例を見ていきましょう。

100%
好かれる
話し方のコツ
22

話のうまい人は、「嫌われない話し方」のコツを身につけている

24

話し上手な人は、余計なひと言を言わない

なぜあの人は嫌われるのか？

周りの人の話を聞いていると時折、

「なぜ今この人、こんなことを言うんだろう」

と思わせる人がいます。

「だからこの人は嫌われるんだよな」という言葉を使う人です。

例えば、話し手が、

「私ね、すごく大事にしているワンちゃんがいるの」

と楽しそうに話しているにもかかわらず、

「俺、犬嫌いなんだよね」

と、すぐに言ってしまうような人です。

相手の気持ちを考えず、余計なひと言を言ってしまう人です。

意外にも、世の中には余計なひと言を言ってしまう人がとても多い。

仮に自分が犬が苦手だったとしても、

「そんなに可愛いんだね。いいね」

とだけ言えばいいのです。

なにも相手は「犬を好きになってくれ」と強要しているわけではないのですから。

なんでも正直に言えばいいというものではない

うまくいく人は、例えば相手が、

「私、犬が大好きなんだけど」

と言えば、

「そうなんだね。好きなんだね」

と答えます。そこで、

「あなたはどうですか？」

と聞かれたとしても、

「私は犬を飼っていないからよくわからないけど、あなたがそう言うんだから可愛いんだろうね」

と答えます。つまり**自分が嫌いだとしても、相手の感情に寄り添う言葉を発するのです**。

また、ある人が、

「社長をすごく尊敬してるんだ」

と言ったとします。であれば「いいことね」と返せばいいだけです。

たとえ、その社長の評判が良くなかったとしても、

「あなたのところの社長、評判悪いよ」

とわざわざ言わなくていいのです。

「口は悪いけどいい人」なんていない

人間は関係性の中で生きています。

思ったことをストレートに言っていい場合と、絶対に言ってはいけない場合があります。

こういうと中には、

「世の中には、口は悪いけど本当はいい人っているんだよ」

と言う人がいますが、私に言わせれば口の悪い人でいい人なんていません。

口から出るということは、その人が頭の中で考えているから出るのです。

オレンジをいくら絞ってもオレンジしか出ないように、心の中にない言葉は口からは出てこないのです。

愛ある人の口からは愛のある言葉が、意地の悪い人からは意地の悪い言葉が出てきます。

残念なことですが、否定的なことしか言えない迷惑な人は必ず存在します。

どんなに正しくても、どんなに本当のことでも、必要のない場面でむやみに相手を傷つけることを言うのはやめましょう。

そして、相手に共感する言葉、寄り添う言葉でコミュニケーションをつなげていけば、必ずあなたの魅力は上がります。

ぜひ心がけてみてください。

100%
好かれる
話し方のコツ

23

相手の気分を害する余計なひと言を言わない

余計なひと言を言って相手の気分を害さない

25

正論は「ストレート」ではなく「変化球」で伝える

「正論」だからこそ、伝える時に注意が必要

できれば相手に嫌われたくない。これは誰もが思っていることでしょう。

しかし、時には、どうしても相手の誤りを指摘しなければならない場面があります。

そうした時に、最も気をつけたいのが「正論」の伝え方です。

正論ほど伝え方が難しく、使い方によっては相手を傷つけてしまう恐れのあるものはありません。

時に正しすぎる「正論」が、相手の逃げ場を塞《ふさ》いで追い込んでしまうこともあります。「正論」だからこそ、真正面から言わない配慮が必要なのです。

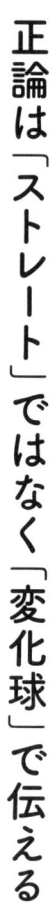

相手への愛が、嘘を方便にする

以前、私のところに、1人の後輩が相談にやってきました。

大学を出て大手企業に就職した彼は、職場でどんなに一生懸命働いても、周囲がそれを認めてくれず、浮いてしまうことに悩んでいました。

話を聞くと、彼は誰よりも早く出勤し、みんなが来る前にコピー機のスイッチを入れるなど様々な雑用をこなしています。続いて、メールチェックなど自分の用事を済ませ、先輩たちが出社してきた頃には準備万端でスタンバイしています。

日中は頼まれた仕事を積極的に引き受け、自分のアイデアもどんどん出している。聞く限りでは完璧です。しかし、周囲になかなか認めてもらえない。

ただ、私は、話を聞いているだけで疲れてきました。

なぜなら、彼のピントのズレたがんばり、つまり空回りしてる様子が手に取るようにわかったからです。

こうしたことは、仕事を始めたばかりの人にはよくあることです。

彼がよしとしてやっていることも、周囲から見ると押しつけがましく迷惑になっているることがあるのです。


そこで、私は彼に言いました。

「俺にも、まったく同じような経験があるよ。その時、ある先輩が言ってくれたんだけどさ……」

実際には、そんな先輩は存在しません。しかし存在しなくても、架空の話でいいのです。

大事なのは、**相手を傷つけないように正論を伝えること**。正論をストレートに言ってしまうと、彼ががんばっている分、深く傷つけてしまいます。

そこで、私の失敗談と先輩という架空の人物とのやり取りを話すことで、彼は自分への非難とは取らずに、素直に耳を傾けてくれました。

相手と自分を同じ目線に置いて話す

正論を正論のまま言うことは、「あなたは間違っていますよ」と真正面から相手を斬りつけるようなもの。

相手も当然身構えて、臨戦態勢を取ってきます。

そうではなくて、

「私も同じ間違いをしたことがあるのですが……」

「私も昔上司から怒られたのですが……」

と、相手と同じ目線に自分を置き、相手に寄り添いながら共感を得るような伝え方をしていく。

こうした繊細な配慮をできる人が、人間関係がスムーズにいく人です。

私自身、過ちの指摘を真正面から受けなかったことで、素直に話を聞けた経験が何度もあります。

そして後から「あの人は、僕を傷つけない言い方をしてくれていたんだ」と気づいたことがよくありました。

どんな人にもその人の立場があり、その人の気持ちがあり、言い分があります。

そこを理解して相手の立場をできる限り守っていきながら、その人がわかるような伝え方をする。

あなたの周りのコミュニケーション上手な人を参考にしながら、チャレンジしてみてください。

100%
好かれる
話し方のコツ
24

「正論」は、相手と自分を同じ目線に揃えて言う

正論をストレートに相手にぶつけてはいけない

正論をストレートに言うと……

朝一番に出社して、がんばっているんです
会社は評価してくれないんです
私は間違ってない!!
周りの意見を聞いたほうがいい
正論で返すと相手を傷つけてしまう

相手の目線で話すと……

朝一番に出社して、がんばっているんです
会社は評価してくれないんです
昔さ、ある先輩が教えてくれたんだけどね……
本当の話でなくていい相手と自分を同じ立場に置くこと

26

悩んでいる人の心を軽くして気持ちよく話してもらう方法

悩んでいる人にポジティブアドバイスはいらない

あなたは人から相談されることが多いほうでしょうか？　それとも少ないほうでしょうか？

いずれにしても人から相談を受けた時に、今から話すことを覚えておくと大変有効なので、ご紹介いたします。

相談に来る人というのは、結局のところ、

「とにかく話を聞いてほしい」

「自分のことをわかってほしい」

「共感してほしい」

という思いが強いのです。

実のところ、解決策を求めて相談に来ている人はほとんどいません。

また、相談事というのは、ポジティブ、ネガティブで分けると多くの場合ネガティブな要素が多い。

だからといって、

「ダメだよ、そんなネガティブじゃ。ポジティブに考えようよ」

と、ポジティブ論をすぐ持ち出すようなことはやめましょう。

その時点で、相談者はそれ以上あなたに話をしなくなります。

相手が求めていることは、「わかってほしい」「共感してほしい」であって、必ずしもプラス方向に転換したいと思っているわけではありません。

また、感情的にネガティブになっている時に、ポジティブ論を展開すると、「説教されているの？」と捉えてしまう人もいて、効果的ではありません。

つまり良かれと思って話をすればするほど、相手はあなたの思いとは逆方向に気持ちがいってしまうのです。

アドバイスする時は、意見を押しつけないよう慎重に

時には、相手があなたにアドバイスを求めてくることもあるでしょう。

その時は、あくまで客観的、かつ謙虚に応えることがベストです。

例えば、

「絶対にこうすべきだよ！」ではなく、

「これはあくまで私の一意見だけど……」

「こんな考え方もあるんだと思って聞いてね」

というところから始めると、相手の心にスッと言葉が入ります。

あくまで、結論を決めるのは相手です。

どんなにあなたが「こうすればいいのに」と思ったとしても、そこはグッとこら

えましょう。

あなたの意見を押しつけすぎると、相手はあなたに対して感情的になってしまい、結果的にあなた自身が後悔することになってしまいます。

「これが正しい」は、相手にとっては押しつけに感じてしまうことも多いということを覚えておくといいと思います。

悩んでいる人は、あなたが側にいてくれるだけでいい

悩んでいる人と向き合った時に一番相手に寄り添う言葉。

それは、

「一緒に考えよう」

です。

解決策を提示するのではなく、共に悩み、共に考える。

これだけで相手にとっては、大きな勇気になります。

「つらかったわね。大変だったね。どうすればいいか一緒に考えましょう」
「お気持ち、わかるわ。しんどかったでしょう。どうしたら解決できるか一緒に考えますね」

こうした言葉がけによって心が落ち着いてくると、人は自然とポジティブな方向に話を運び始めます。ポジティブな話が必要になるのはこのタイミングです。

谷を下り終えて、再び山を登り始める、この時に、あなたがそっと相手の背中を支えていく形が一番の応援になるのです。

100%
好かれる
話し方のコツ

25

悩んでいる人には「一緒に考えようね」でまず感情に寄り添う

悩んでいる人の相談を受ける時は?

菊川さんに
悪口を言われて
困っているの……
ムダにポジティブ思考の人
ダメだよ！
悪い方向ばかりに
考えちゃ！
ネガティブな相談に
ポジティブで返さない
菊川さんに
悪口を言われて
困っているの……
相手に寄り添う人
対策を一緒に
考えましょう
「一緒に考えよう」という
スタンスを持つ

27

肩書き・立場によって話し方を変えない

周りの人が静かに引いていく人

「名刺を出すまでは横柄な態度を取っていたのに、役職がわかった途端、態度が変わった」

「お客である自分には丁寧に接するが、部下や後輩にはぞんざいな話し方をする」

このように相手によって言葉遣いや態度を変える人というのは、いい話し方を身につける以前の問題です。

タクシーの運転手さんやレストランやコンビニの店員さんに対してなど、自分がお客の立場になると急にえらそうになる人がいます。

誰に対しても感謝の念を込めて接していれば、自然と「お願いします」「ありがとうございます」のひと言が出るもの。

あなたはいかがですか？

人は、あなたの話し方を意外と見ている

言葉や態度は、自分の意識によって変わります。

相手の立場や役職によって話し方を変えるような人は、絶対に好かれません。

相手によって言葉や態度を変える人は、とどのつまり「目下の人や自分より立場の低い人には横柄に接していい」という意識で生きているということ。

その意識が言葉や態度から透けて見えてしまうと、周りの人はすごく不快な気分になります。

目上の人や大切な人には、誰しも言葉や態度に気を遣います。

しかし、日常で接する周りの人たちに対して、どういう言葉や態度で接するか。

人の真価は、案外そういうところに表れます。そして、周りの人たちはあなたのそういう姿勢を見ています。

先日、東京の地下鉄で出口に迷い、駅員さんに出口を聞いたことがありました。駅員さんは私には敬語で答えてくれたのですが、次に質問した高齢の女性には、「だから、右に行ってって言ってるでしょう！」と吐き捨てるように言っていました。

それを聞いて私は、複雑な気分になりました。

たしかに、その女性は理解が遅かったので駅員さんはイライラしたかもしれません。

ところが、もし、いかつく恐そうなおじさんがやってきたら、その駅員さんはどう対応するのでしょうか？　同じような態度を取るのでしょうか。恐らくそうではないと思います。そういう人は、得てして相手によって態度を変えるからです。

もうひとつ、相手によって態度を変えることがどれほど格好悪いかを、深く心に刻むことになった事例がありました。

あるパーティでのお話です。

私の隣で立ち話をしていたちょっと威張り気味な男性が、話し相手と名刺交換をした途端、いきなり態度を変えました。

「すみません。そんな偉い人だとは知らずに……」

急にぺこぺこ頭を下げ始めたのです。

どうやら、最初その人とタメ口で話していたものの、名刺交換をしてみたら自分よりはるかに大きな会社の、はるかに役職の高い人だとわかったから平身低頭したようでした。

話し方に一貫性を持たせることで人に信頼される

生意気に話すにも、人を大切に思って話すにも、私は一貫性が必要だと思います。

生意気に生きるなら誰に対しても生意気に話し、人を大切に生きるなら誰に対しても人当たりよく話をする。

人によって態度や話し方を変えない。これが基本です。

「日本社会は縦社会だから、自分より目上の人には頭を下げざるを得ないんです」

こんな反論をされた方がいますが、私は目上の人に丁寧に話すのは当然のことと思っています。

であれば、目上だけでなく、目下の人にも親切に話すと筋が通ります。

人に丁寧に対応していて、かつ、いつでも格好よく魅力的であるには、相手の立場に関係なく、どんな人も大事にしていればいいのです。

それが上手な話し方であり、人間関係の作り方です。

目上の人にも、目下の人にも丁寧に話す。

男性に対しても女性に対しても、相手の気持ちを大切にしながら話す。

怖そうな人にも丁寧に接するし、引っ込み思案の人にも丁寧に接する。

誰であれ、相手の感情を大切にしながら話をする。

このスタンスさえしっかりしていれば、その人の魅力が失われることはありません。かえって魅力が増します。

いつもブレずに、すべての人と同じように話をできる人が、誰から見ても素敵な人ではないでしょうか。

100％
好かれる
話し方のコツ
26

相手の立場や肩書きで話し方を変えない

28

嫌われる人の話し方、その共通点

嫌われる人の話し方にも共通点がある

話し方によって好かれる人もいれば、嫌われる人もいます。

ここでは、嫌われる話し方をする人の共通点を、ざっと挙げていきましょう。

1

「4Dワード」を連発する人

「でも」「だって」「どうせ」「ダメ」

これら4Dワードを、よく口にする人は嫌われます。

特に気をつけたいのは「でも」。

「○○が好き」と言ったそばから、「でも、あれは、こういうところがダメだよね」などと言われて、いい気持ちになる人はいません。

もちろん流れで使わざるをえないことはありますが、あまりに「でも」で切り返してばかりいると、会話全体がネガティブトークになってしまいます。

そんな時は、**「そうだよね。ただこういうのはどうだろう」と、まず相手を肯定してから自分の意見を話すと柔らかくなります。**

「だって」「どうせ」も同様です。

「だって○○だもん」「どうせ○○だからダメ」など、「だって」「どうせ」はあきらめや言い訳と連動しやすい言葉なので、多用すると「ネガティブな人」という印象になってしまいます。

言葉のクセは、「人格のクセ」です。

知らないうちに「ネガティブな人」という印象を持たれないよう、日頃の言葉遣いに気をつけてください。

2 つっこんだ男女関係や、下ネタを話す人

ここでいう、つっこんだ男女関係とは、「自分がいかに遊んでいるか」という話のことです。

笑顔で「そうなんだー」と周りの人が聞いていたとしても、心の中で、「何、この人？　あまり深入りするのはやめよう」と思われているのがオチです。

現実がどうであったとしても、異性関係にだらしがないということを、わざわざ公言する必要はないのです。

特に下ネタは、最もひんしゅくを買いやすい危険をはらんだ話題です。

気の置けない女性同士、男性同士では盛り上がることがあるかもしれませんが、よく知らない間柄では基本的に控えたほうがいいでしょう。

下ネタを話す人はウケを狙っているのでしょうが、何を面白いと思うかは人それぞれです。

その中でも、下ネタはリスクが高いので、別の話題をしたほうが無難です。

もし下ネタが振られてきた時は、自分の話はできる限り避け、相手の話を笑いながら聞くというスタンスがいいと思います。

3 お笑い芸人の真似事をする人

「オチがない」と人を責める、いじる、勝手にボケてツッコミを求める……。

お笑い文化が浸透した影響なのか、芸人さんのような言動をする人がいます。

しかし、私たちが理解しておかなくてはいけないのは、

「芸人さんたちはあくまで『笑いのプロ』である」

ということ。

なかでも「いじる」というのは、「いじられる」側も含め、プロだけに許された高度なテクニックです。

芸人さんたちの間では、いじり役、いじられ役という暗黙の了解が成立しています。

これは、プロレスでいえば、ヒール役とヒーロー役がいるのと同じ。

素人が安易に真似をすれば、人を傷つける危険があります。

どんなに周りが面白がっても、言葉で相手を傷つけた時点で、100パーセント言った側に非があります。

「面白がっていただけで、悪気はなかった」という言い訳は通用しません。

素人が玄人《くろうと》の真似事をすると、「ひどい人」という印象を抱かれかねないので、注意が必要です。

4 話をまとめてしまう人

コミュニケーションにも、洋服と同じく「TPO」があります。

会議ならば、最後に意見をまとめて議論を終わらせる必要もあるでしょう。

しかし、パーティや飲み会など、色々な人との他愛のないフリートークの場で、それは必要ありません。

「何を話したかあまり覚えていないけど、あの人との時間、なんか楽しかった」

と思ってもらえたら、それで成功なのです。

そこで会議の場と同じように、無理やり話をまとめようとしたり、結論を出そうとしたりするのは野暮というものです。

これまで何度か紹介してきましたが、話し方の基本は、相手の話を引き出し、広げ、気持ちよく話してもらえるような聞き上手になること。

話をまとめ、終わらせるという、正反対のことをしてしまわないよう気をつけておきましょう。

5 相手の話を奪う人

P118で共通点探しのメリットをお話ししました。

その時に気をつけたいのは、**相手との共通点が見つかっても、相手から話を奪ってしまわないようにするということです。**

例えば、互いに無類のコーヒー好きという共通点があったとしましょう。

あなたにも一家言《いっかげん》ある話題ですから、たくさん話したくなるのも人情。

しかし、そんな時こそ、

「そもそも共通点を探したのは、相手にもっと話してもらうため」

という基本姿勢に立ち返りましょう。

せっかく共通点を発見したのに、相手から話を奪ってしまったら、相手は「コーヒー好き」と言ったきり、あなたの話を聞き続けるハメになってしまいます。

自分も話したい話題になった時には、P64で紹介した「拡張話法」で話を広げ、相手がひとしきり話し終えたところで、ゆっくりと自分の話を切り出していきましょう。

6 すぐになれなれしい口をきく人

知り合って間もないのに、急にあだ名で呼んだり、呼び捨てにしたり、タメ口をきいたりする人。

つまり「すぐになれなれしい口をきく人」です。

人は、目上であれ、目下であれ、立場が上であれ、下であれ、知り合ってすぐになれなれしい口をきく人に不快の念を抱きます。

やはり最初は「さん」づけで呼び、敬語で話したほうが無難でしょう。

「さん」づけで敬語でも、いい話し方をしていれば、相性がいい人とは自然と仲良くなります。

その流れの中で、あだ名やタメ口への変化は自然発生的に起こるものです。わざと一方的に使っても、相手に違和感を与えるだけです。

7 負け惜しみを言う人

人には生来、自分と他者を比べる習性があります。

例えば同僚や競合する同業者、自分の子どもと同い年の子どもが、何かで大きな結果を出した時、あなたはどんな心持ちになりますか？

「すごいな」という気持ちを抱くのと同時に、多少嫉妬の念が入りませんか？

それは人として自然な情であり、否定されるべきものではありません。

しかし、それを表に出すかどうかは別問題です。嫉妬から、つい負け惜しみを言ってしまったら、周囲のあなたへの印象は残念なものになります。

人を称賛すると、自分の価値が下がると思い込んでいる人がいます。

しかし、そんなことはありません。下がるどころか、**素直に人を称賛できる人は、同じく称賛されます。**

「あの人は器が大きいなあ」と、より好印象になるのです。

100％
好かれる
話し方のコツ

27

嫌われる人の話し方を知って、自分はやらない

なぜか嫌われる人の共通点

①4つの「Dワード」を連発する人

でも
ダメ
だって
どうせ

②下ネタを話す人

チョメチョメがチョメチョメ

③お笑い芸人気取りでいじる人

オチはないんかい!!

④話をまとめようとする人

結局、何が言いたいの?

⑤相手の話を奪う人

犬って賢いよね
犬はね、猫より飼いやすいんだ。
しかも、云々…

⑥すぐになれなれしい口をきく人

望月と申します
もっちーって呼んでいい?

⑦負け惜しみを言う人

当社の創業は江戸時代でありまして……
それならうちのほうが長いね
室町時代からやってるからさ

第4章

人を動かす人の話し方

29

意外と使い方が難しい「がんばれ」

「がんばれ」は、言い方とタイミングに気を遣う

人を励ます言葉として、最もよく使われがちな「がんばれ」。

それが、使い方次第で励ますどころか、逆効果になるケースもあります。

例えば、人は誰しも心の中で、「自分はがんばっている」と思っています。

そこへ人から「がんばれ」と言われると、

「まだがんばりが足りないのか……」

「もっとがんばれというのか……」

と、価値観を押しつけられたように感じてしまうのです。

気力がみなぎり、ガンガン突き進んでいるうちは、「がんばれ」のひと言で、奮起し、がんばることができるでしょう。

しかし、そうでない時は「がんばれ」という言葉は重く感じられ、いっそう落ち込んでしまいます。

つまり、ひどく落ち込んでいる人に「がんばれ」を言う場合、追い詰められたような心境にさせてしまうので注意が必要なのです。

そこで、「がんばれ」という言葉を、どのタイミングでどんな風に使えばいいのか、ケース別にご紹介しましょう。

「がんばれ」が効果的になる使い分け

人を励ます時に最も大切なのは、共感と寄り添いです。

そこで効果的な使い方になるのが、

「がんばってるね。あまり無理しすぎないでね」

という言い方です。

この言葉をもらうと、相手は「がんばってる自分」を認められた気持ちになり、さらに「もう少しがんばってみよう」という気になります。

大切なことは、まず、相手のがんばりを100パーセント認めること。

そして、自ら前進しようという気にさせる、これが本当に人を励ますということになります。

がんばっていない人には「がんばれ」をストレートに言わないこと

では、あまりがんばっていない人に対しては、どうすればいいのでしょうか？

がんばることが好きでない人は、人から「がんばってるね」と言われると、「そんなにがんばっていないのに……嫌味かな」と思いがちです。

そこで、そういう人に対して効果的なのが、たとえ話や周りの人ががんばっているエピソードをさりげなく話すことです。

「同期の田中くん、任されたプロジェクトをやる気満々でがんばっているね」

「同業者の若狭《わかさ》さん、最近新しい事業を開発して意欲的だね」

こんな風に言葉がけすると、本人も「がんばらなきゃ」となり、自分で動き出すきっかけとなります。

がんばりたくてがんばっている人には、この2つを伝えよう

今現在、自分で何かの目標を持ち、自発的にがんばっている人に対しては、次の言い方が効果的です。

「楽しそうだね。あなたのことを待ってる人がたくさんいるね。あなたのがんばりのおかげで、また幸せな人が増えるんだね」

この場合は、①相手のやっていることに共感をし、さらに②将来の展望、などを入れて話していますので相手はより前向きな気持ちになります。

このように、

がんばりすぎて疲れている人には「ちょっと力を抜こうよ」と話す。

がんばっていない人にはがんばりたくなるように話す。

がんばりたくてがんばっている人には、その向こうにある未来を話す。

相手の感情にフォーカスできる会話上手な人は、相手に合わせて「がんばる」を使い分けているのです。

日頃の観察力がものをいうのです。

100%
好かれる
話し方のコツ

28

「がんばれ」を言う時は、相手をよく見てタイミングと言い方に注意する

「がんばれ」が効果的になる 3つの使い方

①がんばりすぎている人には……「ちょっと力を抜こうよ」

②がんばっていない人には……がんばりたくなるように

③がんばりたくてがんばっている人には……未来を語る

30

人を叱る時は、相手への「敬意」を忘れずに

叱る相手に、なぜ「敬意」が必要なのか？

人を叱る時や悪いことを指摘する時は、どうしたらいいのでしょうか？

「相手の存在を尊重する」

言いにくいことを言う時も、この原則は変わりません。

むしろ、**意識的に敬意を伝えるべきです。**

というのも、叱責や指摘は、どうしても「目上から目下へ物申す」になりがちで、努めて意識しないと敬意が置き去りになってしまうからです。

高圧的な物言いで、力ずくで相手を動かすことは現実的には可能でしょう。

しかし、それは「強制」であり、強制では相手が自分で考え、いい方向に向けて行動を起こすことはありません。

相手が部下であれ後輩であれ子どもであれ、こちらが敬意を込めて接してこそ、本当の意味で一人前に育ち、自由に羽ばたいていけるのです。

叱るというのは、相手の間違いを指摘するということですから、どうしても感情的になりがちです。

そこに敬意を込めるのは一見難しいように思えるかもしれません。

しかしコツをつかめば難しくありません。さっそく見ていきましょう。

叱る際に絶対言ってはいけないNGワード

まず言ってはいけない言葉は次の2つです。

「君はダメだ」

「君のやっていることには意味がない」

「君はダメだ」は、相手の人格を否定してしまっていますし、「君のやっていることには意味がない」は、相手から行動の「意味」を奪ってしまっています。

人はどんなことであれ、自分が見出した「意味」に従って行動するものです。

行動の意味を奪うということは、相手の存在を否定するということ。これをしてしまうと、相手の自己肯定感はズタズタになり、何もできなくなってしまいます。

あなたの「叱る」に「労い」はあるか？

では、敬意を込めて叱るコツとは何でしょうか。

ポイントは、まず、**がんばって物事に取り組んでいた相手を労《ねぎら》うこと、そして相手の意図に理解を示すことです。**

「望ましくない事態になっているけれど、君のがんばりや意図は、私には通じているよ」と示すことです。

そしてもう1つ、**「自分が相手に対してどれだけ敬意と期待を抱いているか」という視点を盛り込むことです。**

「君ともあろう者が、こんなミスをするなんて」

「どうしたんだよ、君らしくない失敗だな」

というニュアンスをしっかり伝える。

こうした言い方は叱責であるとともに、敬意の1つの形とも言えるのです。

そして、最後に「大丈夫、君ならできるとわかっているから」と、あらためて期待を伝える。

そうすれば、相手は叱られても自信を失うことも萎縮することもなく、「よし、次こそは期待に応えるぞ」と奮起します。

最近は、「パワハラ」「モラハラ」というコンプライアンス観が普及したこともあり、部下をどう叱ったらいいのかと悩む上司が増えています。

しかし、どんな時代でも相手の将来を考え、敬意を込めた叱り方のできる人は、必ず人から慕われます。

〔話し方例〕

「部長、申し訳ありません。○△社からの受注の件ですが、先方の担当者と見解の相違があったことがわかり、予定通り進められなくなってしまい……、今期の売上に計上できなくなってしまいました」

「そうか。がんばって進めていると思っていたけど、君ともあろうものが、そんな詰めの甘いことをするなんてな……。でも大丈夫。君なら大きな取引にできるってわかってるから、交渉を続けて」

100％好かれる話し方のコツ 29

叱る時こそ、相手への敬意と労いを忘れずに

言いにくいことを伝える時は？

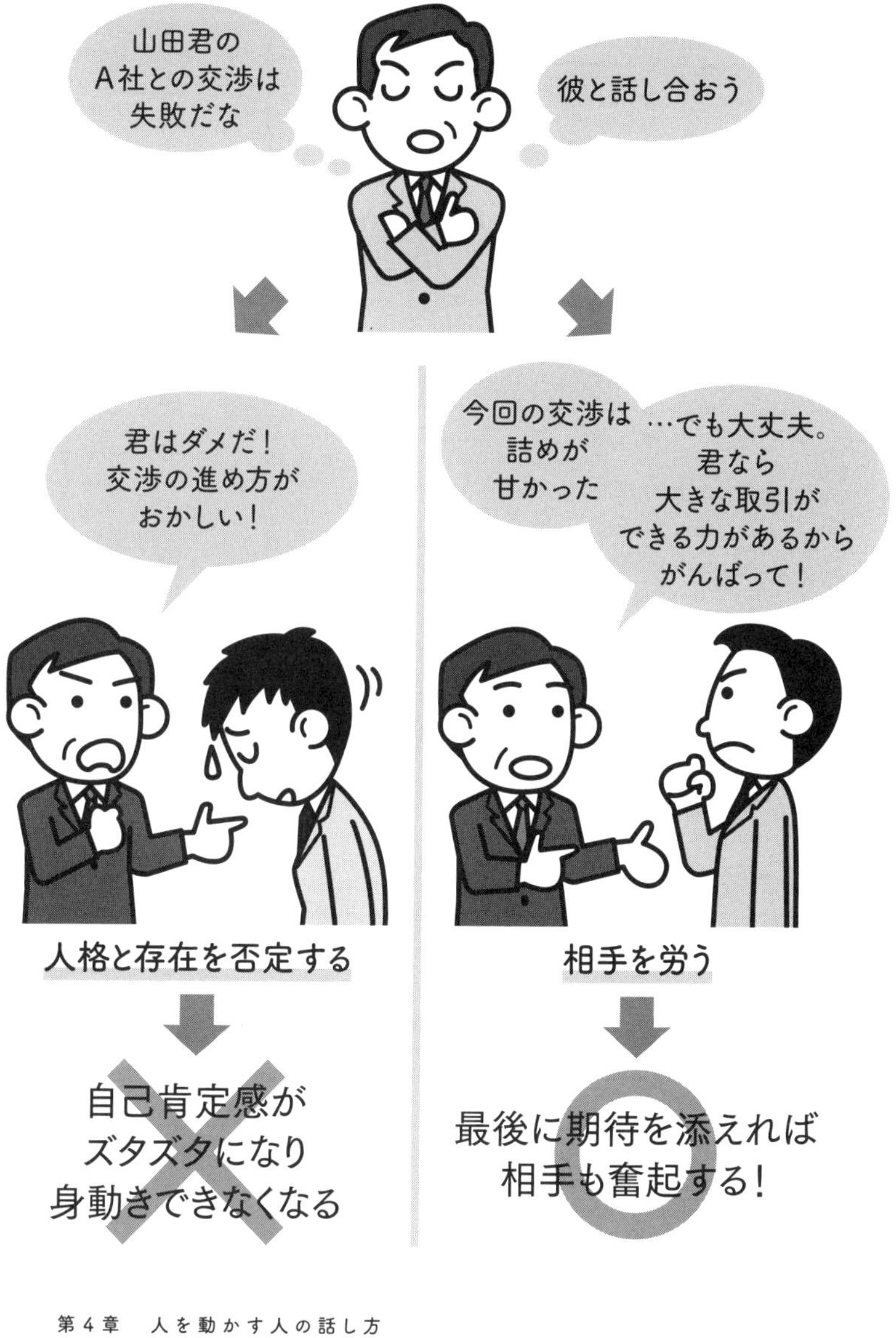

山田君の
A社との交渉は
失敗だな
彼と話し合おう
君はダメだ！
交渉の進め方が
おかしい！
人格と存在を否定する
自己肯定感が
ズタズタになり
身動きできなくなる
今回の交渉は
詰めが
甘かった
…でも大丈夫。
君なら
大きな取引が
できる力があるから
がんばって！
相手を労う
最後に期待を添えれば
相手も奮起する！

31

目上の人に生意気と思われる話し方、かわいがられる話し方

言い訳をした瞬間に、すべて悪印象に変わる

大人になっても、周りの人から至らない点を指摘されることはあります。ケースとして一番多いのは上司からの叱責だと思いますが、プライベートでも、周りの人から苦言を呈されることはあります。

当然ですが、叱られることが好きな人なんていません。

誰もが少なからず傷つきますし、気まずい思いもします。

だからこそ、叱られた時に、どんな態度を取るのか、言葉を発するかで、周りの印象も評価も大きく変わってきます。

まず「**すねる」「いじける」「ふてくされる**」。**これらは絶対に避けたい態度です。言い訳を並べるのも、よくありません。**

自分に非がある時は、理解してほしい気持ちをグッとこらえて、まずは、ひたすら謝ることに徹したほうがいいのです。

叱った人を応援団に変える、このひと言

そして、最も重要なのは、**叱られた後にどうするか、です。**

人に何かを指摘するというのは、相手のためを思ってすることです。

「何も言わないほうがラクなのに、労力を払って指摘してくれた」

そう考えると本来、叱られるというのは大変ありがたいことなのです。

つまり、感謝こそすれ、すねる、いじける、ふてくされるという態度にはならないはずです。

したがって、成長する人は、叱った人に対して次のようなことを伝えます。

「私のせいで佐藤課長に言いづらいことを言わせてしまいました。申し訳ありませんでした。大変勉強になりました、ありがとうございます」

ポイントは**「謝罪」と同時に「感謝」を伝えることです**。さらに、ダメ押しとして次の言葉をつけ加えたら、相手はあなたの応援団に変わります。

「今度からはできるように精進いたします。ただ、忘れやすいたちなので万一同じことをやりましたら、その時も遠慮なくご指摘ください」

意識は言葉を変え、言葉は行動を変えていく。

単に、その場で発する言葉だけではなく、その言葉に影響されて起こした行動や成長ぶりによって、あなたの印象は大きく変わります。

100％
好かれる
話し方のコツ
30

できる人は、叱られた後「謝罪」と「感謝」を伝える

一目置かれる人は言い訳をしない

君のやる気のない発言でチームの士気が下がったじゃないか！

赤木さんだって同じようなこと言ってたじゃないですか！

僕だけこんなこと言われなきゃいけないんですか！？

「すねる」

「ふてくされる」

「いじける」

申し訳ありません。あの発言は不適切でした。ご指摘、ありがとうございます
「謝罪」と「感謝」を伝える

32

悪口は、言わない、聞かない、関わらない

悪口が止まらない人には「別の話を振る」

生きている以上、私たちは色んな人に出会います。

その中でも厄介なのが、

「悪口好きな人や批判が趣味のような人」

です。

おそらくあなたも、こういう人に頭を悩まされた経験はあると思います。

そうした人の話は、少しの間ならつき合えても、長時間続くと、さすがにうんざりしてきます。

そんな時は、さりげなく席を変えるのです。

「トイレに行く」などの口実でいったん席を離れ、戻ってきた時には、別の人の隣に座るのです。

ところが、二人きりで話しているなどどうしても、その場から離れづらいケースがあります。

その時は、**愚痴や悪口を言うことを「あきらめさせる」のも1つの方法です。**

愚痴や悪口を言う人は、その話題で盛り上がることに快感を覚えます。

自分が発したネガティブ発言に、周囲が呼応すればするほどエスカレートしていく。

その意気を削いでしまえば、自然と収まっていきます。

そのために、**あえて「別の話題を振る」というのが、最も効果的です。「話が噛み合わない感じ」を、演出すればいいのです。**

その場では愚痴や悪口から話をそらすことが目的ですから、天気や食べ物、芸能ニュースなど、他愛のない話題でかまいません。

これを繰り返していると、相手は、あなたのことを「愚痴や悪口に乗ってくれない、つまらない人」と認識するようになります。

そうすると、愚痴や悪口が早めに収まるだけでなく、その後、あなたには愚痴や悪口を言わなくなっていきます。

さらに、「別の話題を振る」ということ自体は小さなコツですが、結果的に、ネガティブ発言ばかりの人を遠ざけることができ、日常的な快適度が増します。

「全肯定」のために、波長の合わない人とはつき合わない

こういうと、P29でお話しした「全肯定」と矛盾するのではないか、と思われそうですが矛盾はしません。これも「全肯定」です。

自分が苦手と思う相手や空間にも、当然ながら人格や言い分があります。

それがあなたの人格や言い分とそぐわないから、「苦手だな」と思うのです。よくいう「波長が合わない人」というのは、こういう人のことを指します。

このような波長の合っていない人と無理に親しくしようとしたら、あなたはどうなるでしょうか。

自分を押し殺して相手に合わせることで、自分自身を否定することになります。そうなのです。

波長の合わない人とつき合うのは、「全肯定」どころか自分自身を否定することにつながってしまうのです。

自分を押し殺してまで苦手な相手と話すくらいなら、あえて距離を置くことで、互いを尊重したほうがいいのです。

100%
好かれる
話し方のコツ
31

愚痴や悪口ばかり言う嫌な相手とはつき合わない、話をしない

33

苦手な人をかわす3つの方法

嫌いだけど、関係性が切れない相手との接し方

「悪口はできる限り、言わない、聞かない、関わらない」

これが理想ですが、いつも素晴らしい仲間に恵まれた環境に身を置けるわけではありません。

高圧的に部下を支配しようとする上司、敵愾心《てきがいしん》むき出しのライバル、生意気な部下、町内会やＰＴＡ、コミュニティやママ友など、顔を合わすのも嫌な人たち。

どんなに嫌いでも、そこに居なければならないといけないケースは少なからずあります。

そんな時は、「逃げる」というのは立派な選択肢です。

例えば、異動願いを出したり転職活動を始めたり、町内会やＰＴＡと距離を置くことが必要でしょう。

嫌いな上司は、あだ名をつけて笑い話に変える

しかし、その選択肢を取る前にできることがあります。

１つめは、「その状況を笑い話に変えてしまうこと」です。

嫌いな相手に「あだ名」をつけるなどして、仲のいい人とだけで通じる「隠語《いんご》」を考えておく、というイメージでしょうか。

例えば、いつもガミガミ言う上司を「滝」と名づけます。

そして昼休みなどに、同僚と一緒になって「いや〜、今日も滝は午前中からすごかった。おかげでいい滝行《たきぎょう》になったよ（笑）」などと笑ってしまえば、少しは気持ちが軽くなるのではないでしょうか。

苦手な人に「ドラえもん」のジャイアン、「スーパーマリオ」のクッパなど、ゲームやマンガのボスキャラを、あだ名としてつけるというのもアリです。

「今日のジャイアンは相変わらずわがままだったね（笑）」

「昨日のクッパは、少し戦闘能力が落ちてて早めに帰っちゃったよ（笑）」

もちろん、これをしたからといって、状況が好転するわけではありません。

しかし、暗い気持ちを抱えたまま人と接すると、あなた自身も愚痴っぽくなってしまいます。愚痴っぽい人のところに、集まってくる人なんていません。

嫌いな人のためにあなたが愚痴っぽくなり、結果的にあなたから人が遠ざかってしまったら本末転倒なのではないでしょうか。

このように考えると、嫌な人のことを笑い話に変え、その人から受けるダメージを最小限に抑えるというのは、小手先の技のようでも、有意義だといえます。

ただ、あくまで自分の心を軽くすることが目的なので、言いすぎて悪口大会につながらないよう注意してください。

高圧的な物言いをする人には「反応しない練習」

また、必要以上に高圧的に支配しようとする人も結構います。そういう人から身を守るには、その人の言葉を、まともに受けないことが大切です。

そこで必要なのが、「どう話すか」よりも、「いかに話さないか」です。

つまり「反応しないこと」が、最大の防御になります。

特に高圧的なタイプの人は、支配したい相手の反応を見たくて、過剰に高圧的に接してくるところがあります。

そういう人に対して、何か言い返そうとするとまさに相手の思うツボ。それ見たことかとばかりに、かさにかかって攻めかかってきます。

そこで相手にひどいことを言われた時はあえて「反応しない」という選択をするわけですが、これがなかなか難しい。そこでコツをお教えしましょう。

それは心の中で、

「はあ、あなたはそう思うんですね」

「へー、そんな考え方もあるんですね」

と唱えることです。

つまり、**「私は、そうは思わないんです」と、相手と自分との間に、ガッチリと強固なラインを引いてしまうのです。**こうして「反応しない練習」を重ねると、やがて相手は、あなたの反応の薄さにあきらめるかもしれません。

悪口を言う人を絶対に変えようとしてはいけない

どんなにいい空間に身を置こうと心がけたとしても、年に数回は飲み会などで不平不満、悪口で盛り上がる人たちが目の前に現れます。

その時は、どう時間を過ごすのがベストでしょうか？

「具合が悪い」と言って、中座してしまうことです。

ただこうした場に少しでも居合わせた際に、注意してほしいことがあります。そ

れは、

「絶対にその人たちをその場で変えようとしない」

こと。

「ねえ、せっかくだから楽しい話をしようよ」

「いい言葉がいい人生をつくるんだよ」

などと言わないこと。1000本の矢があなたに向かって飛んできます。

また、「そうなんだ、ひどいね」という同調もやめましょう。あなたも巻き込まれてしまいます。

悪口を言う人、特にそれが頻繁な人は心がどこか渇いているのです。

自分の中の心の穴を埋めていくために、誰かの悪口を題材にして自分を満足させようとしてしまうのです。

残念ながら、今の世の中はまだまだそんな場所が大多数です。

殴る蹴るといった暴力は罪になりますが、人の心を傷つける言葉の暴力はよほどのことでない限り罪にはなりません。

大切なのは、「周りが言ってもあなたは言わない」こと。

せっかく大切な時間を使ってその場にいる以上、気づきを増やして自分のブレない軸を作ってくださいね。

100%
好かれる
話し方のコツ
32

嫌いな相手には「あだ名をつける」「反応しない」で対応する

嫌いな相手への対処法

①嫌いな相手に「あだ名」をつける

今日は
ジャイアンが
意外と優しかったんだよね～♪
どうして～？
教えて
教えて～

②反応しない

君って
いつも
ボーっと
してるよね
あなたは
そう思うん
ですね
私は
そうは
思いません

③悪口を言う人たちを変えようとしない

あの人
ズルく
ない？
ホントホント
自分
ばっかりラク
しちゃってさ
……
「せっかくだから
楽しい話をしよう」
などと絶対に
言わないこと

34

いい会話は「安心」から生まれる

人のパフォーマンスは、リラックスしている時に上がる

人はリラックスした状態のほうが、パフォーマンスが上がるようになっています。

「安心」からいい会話が始まるのです。

緊張して、パフォーマンスが下がる相手とは極力話をしない。これくらいのスタンスでいきましょう。

今の時点で波長の合わない人と無理につき合って、自分自身を傷つけてしまったり、自信をなくしてしまうようなことはやめてください。

好きな人と話す時間を増やし、会話力を磨いてから苦手な人とも話をしてみる。

それくらいの心持ちでちょうどいいのです。

難易度の高い人と話すのは、自分の武器を磨いてからでいい

どんなに話すのが苦手だという人でも、心から信頼している友人や家族には、無意識に流暢に話をしているものです。

嫌な人とのコミュニケーションを無理に改善しようと躍起になるのではなく、一緒にいてリラックスできる人、自分を否定しない人たちとの環境に身を置くようにしてください。

すると、自分に肯定的な人だったら、何も気負わず話したいように話せるものだな、と気づくはずです。

つまり、話しやすい人とたくさん話すように意識して、できる限り相手もあなた自身も「話しやすい空間」を作っていくことが、〝話すのが苦手〟というメンタルブロックを外すことにつながるのです。

こうして好きな人と話す時間を意識的に増やしていけば、必然的に苦手な人に使う時間が少なくなります。

「難しい人を攻略するためにも話し方を磨かなければ……」

「誰とでも平等にいいコミュニケーションを取らなければ……」

その考え方はいったんどこかに捨ててください。その上でどうしても話さないといけない相手だったら、とにかく「拡張話法」で相手の話を広げてあげてください。

たとえ沈黙が訪れても、あなたばかりが責任を背負う必要はないのです。

100%
好かれる
話し方のコツ

33

難易度の高い人と無理に話さない

話しにくい人と
無理に話そうとしなくていい

苦手な人と無理に話すと

自信をなくして、
話すのが嫌になる

好きな人とばかり話すと

人と話すのが
楽しくなる

35

運のいい人たちが使っている口ぐせ

自分の言葉を一番聞いているのは自分自身

以前、同業の伝え人の仕事をしている友人から聞いた話ですが、日本人の一番好きな言葉をご存知ですか？

それは「感謝」の言葉だそうです。

「ありがとう」

「おかげさま」

「感謝しています」

これらの言葉は、あなた自身の気持ちがさほど込もっていなかったとしても、口ぐせにしておいて損はありません。

コミュニケーションの上手な人は、折に触れ、感謝の言葉を口にしています。

ビールを持ってきてくれた店員さんに「ありがとう」

タクシーの運転手さんに「ありがとう」

コンビニのお兄さんに「ありがとう」

職場の人や家族、友人にも「ありがとう」

自分の言葉を一番聞くのは自分自身。

そして自分の言葉を聞く時、心は無意識状態ですから、奥底にその言葉がストレートに入っていきます。

ですから、「いい言葉を口にする、口ぐせにする」ということは、精神衛生上、ものすごくプラスの効果があるのです。

ほめ言葉を素直に受け取れる人、謙遜してしまう人

さて、本題はここからです。あなたはほめられたとき、どういうリアクションをしていますか？

「すごいね！」「綺麗だね」

人から言われた時、おそらくほとんどの人が、「いやいや、そんなことはありません」と、謙遜しているのではないでしょうか？

しかし、ほめた相手としては、あまりに謙遜されると、それ以上ほめることができなくなってしまいます。

特に、誠心誠意ほめてくれる人なら、なおさらのこと。

その時は、素直に、

「わあ、嬉しいなあ」「そう？　ありがとう」

と言って相手の気持ちを受け取りましょう。

自分が感謝の言葉を口にすることも大切なのですが、相手の気持ちを感謝して受け取るということも同じくらい大事なことなのです。

ほめられるということは、言葉という形で、プレゼントをもらうようなもの。

もしプレゼントが目に見えるものだったら、あなたは相手に「ありがとう」と言って受け取りますよね。

同じように、ほめ言葉も積極的に受け取りましょう。

ほめ言葉を受け取り、感謝を伝える。

コミュニケーション上手な人が何気なく使っている、感謝の言葉とほめ言葉の受け取り方をぜひ観察してみてくださいね。

100%
好かれる
話し方のコツ
34

感謝の言葉を口ぐせにして、ほめ言葉は積極的に受け取る

36

「言葉の意味」ではなく「その奥にある感情」にフォーカスする

言葉だけ拾ってもコミュニケーションにはならない

今でこそ、こうして本を書き、たくさんの人の前で講演したり、コーチングやコンサルティングをしたりしている私ですが、完璧にコミュニケーション上手に変わったわけではありません。

「三つ子の魂百まで」とよく言いますが、時折、コミュニケーション下手の自分が顔を覗かせます。

先日も、こんなことがありました。

相手はずっと私のところに通ってくれているコンサルティングのクライアントさ

んでした。そのクライアントさんとは10年来のご縁で、事業の立ち上げの頃から、私のところに来てくれています。

ある課題をクリアし、今後どのように事業展開していくかについて、私のセミナールームでセッションをしていました。

内容は経営方針ということで、かなりロジカルに話を詰め、そのクライアントさんに必要なことを伝えていたつもりでした……。

クライアントさんが言葉少なめになっていったので、いったんセッションを中断し、テラスでお茶を飲みながら休憩していたところ、クライアントさんがあまりに浮かぬ顔をしていたので理由を聞いてみました。

すると、思わぬひと言を言われました。

「永松さん、最近、言葉だけを拾うようになりましたね」

一瞬、何を言われているのかわかりませんでした。クライアントさんはこう続けました。

「以前は私の感情に向き合ってくれていたように感じていました。今は言葉上の理解しかしてくれていないような気がします」

ハッとしました。経営というロジカルな部分にフォーカスしすぎるあまり、クライアントさんの「感情」というものをスルーしてしまっていたのです。

言葉通り受け取ると、関係性が壊れることもある

クライアントさんと書いたその人は、女性の経営者でした。

私のところに来始めた頃は、普通のＯＬでしたが、その後起業し、ずば抜けた経営センスで今や全国で大活躍している女性起業家。

私も彼女から学ぶことがたくさんある方です。

「男女問わず、人というものは自分を理解してほしい生き物」

人にはいつも伝えているものの、私はこの時すっかりこのことを忘れ、昔の自分に戻っていました。

すぐに結論を出そうとしてしまい、それ以外のことはあまり重要視しない。良くなるためには、最短で結果の出る方法を考える、というドライな自分がいました。

ただ、これまで何度もお伝えしてきた通り、**大切なのは、「言葉の意味」ではなく「その奥にある感情」です。**

今風に言えば、空気を読むことの大切さをあらためて彼女の言葉が思い出させてくれました。

「感情にフォーカスする」とは、こういうこと

さて、私の失敗談をお伝えしましたが、あなたはいかがでしょうか？

言葉だけを拾わず、その奥にある相手の感情にフォーカスできていますか？

夫婦、恋人、友人、職場の人間関係……。

私たちの人生は、色んな人との関係性の上で成り立っています。

例えば仕事が忙しい時に、奥さん（もしくは恋人）から、

「今は私のことなんか気にしなくていいから、仕事に集中して」

と言われたとします。

その時に「そうか。ありがとう。じゃあ遠慮なく」と相手の言葉通りに仕事に没頭して連絡の一本もしなかったら、おそらくバトルが始まります。

ある日、突然怒りを爆発させた相手に対してあなたは、

「なんでそんなに不機嫌なんだよ！　君だって今は仕事に集中してってって言ったじゃないか！」

と怒り始めます。

これが相手の「言葉だけを理解した」状態です。

奥さんや恋人からすれば、

「だからといって、あまりにも忘れすぎじゃない？　一本の連絡もできないほど忙しいの？　私の気持ちをまったく理解してくれてないじゃない！」

となるのです。

こうして関係のズレが始まる。ここからはご想像にお任せします。

「相手がこう言ったから」という言葉だけでコミュニケーションを展開していくと、思ってもみない現実を引き寄せてしまうことがあります。

真に大切なのは**「言葉」だけでなく、その奥にある「感情」にフォーカスすることです。**

100%
好かれる
話し方のコツ
35

相手の「言葉」を額面通り受け取らず、本当の「感情」に気づいてあげる

37

話し方が１００％うまくなる究極のスキル、教えます

「相手の立場に立つ」も練習次第で身につく

「相手の気持ちを考えて話をしよう」

よく言われる言葉です。この本でも何度も伝えてきました。

相手の立場を考える話し方ができるかどうかで、あなたの人間性が決まります。

とはいっても、なかなか相手の立場に立って話すのは難しいことです。そこで私が密かにやっているある練習法をお伝えしましょう。

テレビで謝罪会見が放映されている時、あるいは誰かが重大なミスを犯して大変な時、自分にこんな質問をするのです。

「もし自分がこの人の立場だったらどうするだろう？　もしこの人が目の前にいたらどんな声をかけるだろう？」

この練習を繰り返すと、自然に物事を自分軸からだけでなく、相手軸から見ることができるようになります。

私たちは普段から、どうしても自分軸で動いてしまいがちです。

しかし、この意識を少し抑え気味にして、相手軸で話をするようにすると、あなたのファンはどんどん増えていきます。

そうすることで、あなたの視野、話し方の世界はどんどん広がっていきます。

話し方の究極のスキル「幸せでありますように」

また、今後、あなたが誰かと何かを話す時は、「（相手の方が）幸せでありますように」と祈りながら話すようにしてみてください。

そうすることで、不思議なことですが話の内容は関係なく、あなたの好意は必ず相手に伝わります。

そして、愚痴や不平不満などのマイナストークが自然となくなっていきます。

人には誰しも、話す相手の心を感じ取るセンサーのようなものがあります。テクニックだけで人間関係がうまくいくほど、人間というものは簡単ではありません。

不思議なことですが、うまいとか下手とかは関係なく、話し手の心というのは必ず相手に伝わります。そして、この違いは「フォーユー」なのか「フォーミー」なのか、で変わってくるのです。

相手のことを思って話していくと、必ず言葉がポンポン出てくるようになります。そしていつの間にか悩んでいた相手が元気になり、あなたのことを必要とするようになります。

するとあなたの周りにたくさんの人が集まるようになり、いつの間にかあなたは充電器のような存在になります。

最初は、うまくいかないこともあるでしょう。

しかし相手のことだけ思って話しているうちに、相手が本当に大事にしていることだけを感じ取り、言葉に落としていけるようになります。

「(相手が) 幸せでありますように」

この思いに勝る話し方のスキルは存在しません。

ぜひ使ってみてください。

100%
好かれる
話し方のコツ
36

「幸せでありますように」と祈りながら話すと、すべてうまくいく

【おわりに】会話がうまくなると、人間関係が劇的に良くなる理由

執筆業を始めて10年。これまで出版した本は30冊あまり。

様々なジャンルの本を書かせていただきましたが、話し方について書くのは、今回がはじめてでした。

大好きな書くお仕事。

「今回はどんな人が読んでくれるかな」とワクワクしながら書き始めたものの、これまでと違うノウハウ寄りのテーマに力んでしまい、なかなか筆が進みませんでした。

しかし、ある時、気づいたのです。

話し方は、「心のあり方によって決まる」ということに。

話し方、コミュニケーションはとても奥の深い分野です。スキルの分野だけでも、数多くの講師や先生がいます。

その中で私がお伝えできること。

それは、**「話し方」と「考え方」の融合でした。**

話し方は、すべて心から生み出されています。仮に、あなたが日頃発する言葉をロケット、心を発射台だとすると、ロケット一発一発の性能を磨くより、発射台を良い方向に向けるほうが、ずっとずっと重要です。

「話し方は心の姿勢」

つまり、**「話し方のスキルを上げること」＝「心を磨く」ことなのです。**

話し方は、日頃の心のあり方が形になったもの。ここに気づいてからは、一気に筆が進み始めました。

これから先、本書を読んで話し方を磨いていくと、あなたにきっと不思議なことが起こります。

それは何か？

あなたの周りから話しづらい人、苦手な人、嫌いな人がいなくなります。

なぜか？

あなたの心が変わり話し方が変わると、人間関係が大きく変わるからです。

心が変わり話し方が変わると、あなたの周りにはあなたの心の姿勢と似た人が集まってきて、大好きな人たちと毎日楽しくすごせるようになります。あなたの心はさらに磨かれ、話すのがもっとうまくなっていきます。

すると、どうでしょう、今まで苦手だと思っていた人、嫌で嫌で仕方のなかった人たちが周りから消えていくのです。

より正確に申し上げると、**話し方が上達したことによってあなた自身が苦手な人、嫌いな人と上手にコミュニケーションが図れるようになるのです。**

その結果、苦手な人、嫌いな人が周りからいなくなるのです。

今回ささやかではありますが、3つのプレゼントを準備させていただきました。

1つめは『人は話し方が9割』の特別音声です。ダウンロードして、通勤中などお時間がおありの際にお聞きください。

2つめのプレゼント。それは、本書でカットした原稿部分です。

今回も少し書きすぎてしまい、カットした原稿が出てしまいました。内容的にはどれも捨てがたいものでしたので、ぜひそちらもお役立ていただけると嬉しいです。

そして3つめ。

話し方とは、「口ぐせ」であり、「習慣」そのものです。

いかにすればいい習慣を身につけることができるのか?

私たちが出した結論は、「本書のイラストを、読者さんがダウンロードして、いつでも見てもらえることにしよう」でした。

そこで、本書の図解ページを巻末特典にてプレゼントさせていただきます。

ぜひ携帯にダウンロードしたり、紙にプリントアウトして目につくところに貼ってください。

口ぐせにしたいキーワードを無意識に目にすることで、自然と話し方は変わります。

私は、出版という仕事が大好きです。

理由は一作一作に、新しいチームでの挑戦とストーリーがあるからです。

今回の企画も、とても素敵な仲間たちと進めることができました。

まずはじめに、粘り強くつき合ってくださったすばる舎の上江洲安成編集長へ。

上江洲編集長とは今回が初めての企画でしたが、上江洲さんの洞察力、そして人を受け入れてくれる大きな器に助けられて、ここまでたどり着くことができました。

次にすばる舎の営業の原口大輔さんへ。

原口さん、今回の企画のご縁ときっかけを作ってくださり、ありがとうございました。原口さんと再びお仕事をさせていただけたこと、とても嬉しかったです。

営業の方が企画から一緒に組み立ててくださる新しい出版のスタイルと、現場を知っているからこその率直なご意見、本当に参考になりました。ありがとうございました。ここからも末長くよろしくお願いいたします。

そして、私の出版ディレクターであり相談役であるＯＣＨＩ企画の越智秀樹社長。今回も本当にありがとうございました。越智さんがいてくれるだけで、安心して書き進めることができます。出版だけでなく、色々な面でここからもよろしくお願いいたします。

また、私の一番近くにいて、いつも変わらぬ姿勢で共に歩いてくれる（株）人財育成ＪＡＰＡＮのファミリーたち、永松茂久プロジェクトメンバーの角伊織くん、池田美智子さん、トガワシンジくん、内野瑠三くん、一条佳代さん、山野礁太くん、松田眞理さん、永松寿美、そして永松塾のみんな、本当にありがとう。

みんなの応援のお陰でこの本が産まれたよ。出版をするたびに、今さらながら、素敵なファミリーたちに囲まれることができている幸せを感じることができます。みんなでこれからも楽しく旅をしていこうね。

最後に、この本を手にしてくれたあなたへ。

本書を通してあなたとご縁ができたことに心から感謝します。いつかどこかであなたと「話し方が9割」をネタに、楽しくお話しできることを心待ちにしています。

ここから先、あなたのコミュニケーションライフが、さらに華やかなものになりますように。

あなたの未来は、話し方が9割！

いつも幸運を運んでくれる我が家のトイプードルの「とら」「さくら」「ひな」「もも」「もこ」が元気に走りまわる麻布スタジオ501にて、新しい年を迎えたことを知らせる東京タワーを眺めながら。感謝。

永松茂久

本書をお読みくださったあなたへ

感謝の気持ちを込めた「プレゼント」のご案内

本書をお読みくださったあなたへ
永松茂久より、感謝の気持ちを込めて
プレゼントを用意いたしました。
ぜひ、ご活用ください。

プレゼント内容

①『人は話し方が9割』特別音声 ♪
②泣く泣く割愛した「幻の原稿」 PDF
③人に好かれる人の口ぐせリスト PDF

詳細は下記よりアクセスください。→

https://nagamatsushigehisa.com/maboroshisho.html

※特典の配布は予告なく終了することがございます。予めご了承ください。
※音声、PDFはインターネット上のみでの配信になります。予めご了承ください。
※このプレゼント企画は、永松茂久が実施するものです。プレゼント企画に関するお問い合わせは「https://nagamatsushigehisa.com/」までお願いいたします。

永松茂久　ながまつ・しげひさ

株式会社人財育成JAPAN 代表取締役。

大分県中津市生まれ。

2001年、わずか3坪のたこ焼きの行商から商売を始め、2003年に開店したダイニング陽なた家は、口コミだけで県外から毎年1万人を集める大繁盛店になる。

自身の経験をもとに体系化した「一流の人材を集めるのではなく、今いる人間を一流にする」というコンセプトのユニークな人材育成法には定評があり、全国で多くの講演、セミナーを実施。

「人の在り方」を伝えるニューリーダーとして、多くの若者から圧倒的な支持を得ており、講演の累計動員数は延べ45万人にのぼる。

2016年より、拠点を東京麻布に移し、現在は執筆だけではなく、次世代育成、出版コンサルティング、イベント主催、映像編集、ブランディングプロデュースなど数々の事業を展開する実業家である。

著作業では2020年、書籍の年間累計発行部数で65万部という記録を達成し、『人は話し方が9割』の単冊売り上げで年間ランキング1位を獲得（日販調べ、ビジネス書）。2021年にも同じく『人は話し方が9割』が、書籍の年間ランキングで総合1位（日販調べ）、ビジネス書部門で2年連続1位（日販調べ）、トーハンのビジネス書年間ランキングでも1位に輝く。

著書に『人は聞き方が9割』『喜ばれる人になりなさい　母が残してくれた、たった1つの大切なこと』（すばる舎）、『在り方　自分の軸を持って生きるということ』（サンマーク出版）、『40代をあきらめて生きるな』『30代を無駄に生きるな』『20代を無難に生きるな』『影響力』『言葉は現実化する』『心の壁の壊し方』『男の条件』『人生に迷ったら知覧に行け』（きずな出版）、『感動の条件』（KKロングセラーズ）など多数あり、累計発行部数は250万部を突破している。

永松茂久　検索

人は話し方が9割

2019年 9 月14日　第 1 刷発行
2021年12月28日　第28刷発行

著　者　永松茂久《ながまつしげひさ》
発行者　徳留慶太郎
発行所　株式会社すばる舎
〒170-0013 東京都豊島区東池袋3-9-7東池袋織本ビル
TEL　03-3981-8651（代表）　03-3981-0767（営業部）
振替　00140-7-116563
http://www.subarusya.jp/
印刷所　シナノ印刷株式会社

落丁・乱丁本はお取り替えいたします

ISBN978-4-7991-0842-0